昭和史のかたち

保阪正康
Masayasu Hosaka

岩波新書
1565

はじめに

昭和という時代の枠組みは、六十二年と二週間である。大正十五年(一九二六)と昭和六十四年(一九八九)はそれぞれ一週間しかない。この昭和史には人類が体験したほとんどの事象や事件が詰まっている。戦争があり、勝利のときもあり、敗戦があった。占領政策を進めるときもあれば、占領を受けいれる期間もあった。侵略、そして暴虐の加害者となり、その責を戦犯裁判で問われた。テロリズムやクーデター、さらには革命騒動もあった。飢えと飽食もまた指摘できる。

こうした事象、事件を体験したがゆえに、日本人の国民的性格は大きく変わった。むろんその変貌はそう簡単には気がつかないのだが、昭和が終わってからの年数をここまで刻んでみれば、その変容はそれとなくわかってくる。大日本帝国憲法下で「臣民」としての意識しかなかったのが、今では新しい憲法のもと「市民」という概念で、その国民的性格を分析できるようになった。

私は昭和史に関心を持つ在野の一言論人だが、昭和という時代を顕微鏡で見れば見るほど、この時代には日本人と日本社会のありのままの姿が凝縮しているように思う。ひとつ方向に加速をつけて走っていくかと思えば、その折りに冷静さを失って自己制御できなくなる。かと思えばひとつの失敗を通して、二度とその愚をくり返すまいと感情的な反撥《はんぱつ》で事態に対応する。そこにはプラスとマイナスが奇妙な形で混在している。その昭和の姿を単に文章であらわすのではなく、幾何学的発想を用いて示したならわかりやすいのではないか、と私は考え続けてきた。

昭和のさまざまな事件や事象を「かたち(図形)」にあらわすことで、その複雑さを解いてみようとの考えを持っていたのである。

一例をあげるが、昭和八年(一九三三)頃から露骨になっていく昭和のファシズムを、よりわかりやすく図形化してみるのである。

ファシズムとは、極端な国家主義や全体主義、軍国主義などと訳されているにせよ、その枠組みは政治的には一党支配による独裁政治である。日本のファシズムは昭和十年代には軍部とその意を受けた政治勢力との独裁政治に転じていくが、これを図形化してみるとその仕組みがよりわかりやすくなるのではないかと、私は考えた。

このことは本書の第二章で論述することになるが、要は独裁を目ざす政治勢力は、常に四辺の枠(正方形)の中に国民を抑圧しようと考える。その一辺は「情報の一元化」である。情報の発信は国の一機関からしか行わず、その他の情報は社会に知らしめない。他の一辺は「教育の国家主義化」。昭和八年には、国定教科書の第四期改訂があるが、「ススメ　ススメ　ヘイタイススメ」といった軍国主義の内容になっていく。そして他の一辺は「弾圧立法の制定と拡大解釈」で、国民の日常生活やその意識をある一定の枠組みの中でしか認めず、そこからはみだすと法的体系で身体を拘束するのである。

もう一辺は「官民挙げての暴力」である。テロの恐怖、拷問の恐怖によって人びとはその政治的意思を顕わにしない。口を閉じてしまうのである。昭和初年代のテロは、その事実をよく示している。

この正方形の枠内にファシズム政権は、国民を押しこめていく。ここから出ることは許されない。それが日本型ファシズムではなかったかと、私は考えた。しかもファシズム政権はこの正方形を外部から力で抑えつけて、より小さな正方形にしていこうと試みる。でなければ安心できないからである。

日本型ファシズムをこのように図形化することで、本質がわかるのではないか。むろん反論もあるだろう。そのように簡単に図式化できるわけがない。もともと歴史(学)はそんな割りきったものではないという意見である。だが私たちがごくふつうに過ぎし過去を理解する一助として、史実を視覚的に捉えてみることでの新発見があると思う。誰もが歴史を研究するわけではなく、歴史の中からなにがしかの教訓や知恵を学ぼうとするためにはこのような方法が有効であろうと、私は考えたのである。

本書ではその意図のもとに、昭和という時代の史実、あるいは現象、そして教訓などを幾つか選んで、図形化とその解説を試みた。むろんこれは私(保阪)の独断であり、あるいは知識の範囲の中での試みである。私は数学を学んだ学徒ではないから、数学的な定義は幾つかの数学書を参考にしている。

私的なことになるが、私の父は高校の数学教師であった。戦時下にある大学で研究者の道を選んでいたが、戦争そのものに肯《がえん》じえない気持を持っていたのか、追われるように大学を離れた。そして旧制中学(戦後の新制高校)の教師となった。父親は無念の思いがあったのだろう、私を数学研究者にとの夢があり、小学校のときは私に数学を徹底して教えこんだ。

しかし中学生になって、私は父親を避けて数学をまったく勉強しなくなった。父親の考えに納得せず、父親の描くような人生設計に猛然と抗《あらが》ったのである。数学は大嫌いになった。

その父親が亡くなって三十年が過ぎる。父親が小学生の私に、「すべての学問は数学と哲学から始まる」と説いていた。どちらも私は得手ではないが、父親の言を土台に昭和史の見方に新しい風を吹きこんでみたいと思って、本書を編んだ。読者諸氏の刺激になればとの思いを理解していただければ幸いである。

目　次

第一章　昭和史と三角錐
——底面を成すアメリカと昭和天皇——

昭和という時代は、昭和元年十二月二十五日から六十四年一月七日まで続いた。大正十五年は十二月二十五日まで続き、大正天皇逝去のあと昭和天皇が即位したが、昭和元年はわずか一週間である。その終末の六十四年は、昭和天皇が一月七日に亡くなり、これも一週間しかない。昭和という期間は、「はじめに」に記したように正確には六十二年と二週間ということになる。一方でこの期間を西暦にあてはめてみると、一九二六年から八九年になり、二十世紀の三分の二弱を占めることになる。

昭和という元号で見る六十二年と二週間、西暦で考える六十二年と二週間、そこには当然違いがあるだろうが、その違いは何かということも昭和史を検証するときの重要なテーマになるはずである。

まずこの六十二年と二週間をもう少し分解して考えてみることが必要になろう。昭和はひとつの顔で、ひとつの価値観で、ひとつの政治体制で動いてきたわけではなく、多様な顔と体制を持っていた。そこで、昭和という時代を三つの時代に分けてみるとわかりやすいと思う。

ひとつは昭和元年から二十年(一九四五)八月十五日までである。太平洋戦争の終結までということになるのだが、国際法的にはその終結は日本が無条件降伏文書に調印した九月二日と考えられているので、八月十五日ではなく九月二日までとしてもいい。これを昭和前期と名づけるのである。

昭和前期は、近代日本が選択した軍事主導体制が解体期を迎えたときと同義語である。太平洋戦争の終結はつまりはそのようなことを意味したのである。

この解体(大日本帝国の軍事的敗戦)によって、日本はアメリカを中心とする連合国の占領支配を受けた。いわば国家主権を失ったのである。この占領を受けた期間は、昭和二十七年(一九五二)四月二十八日まで続く。六年八カ月である。昭和史の中でもこの期間は特異な時期といってもいいだろう。これを昭和中期と名づけよう。

そして独立を回復した昭和二十七年四月二十八日から六十四年(一九八九)一月七日までを昭和後期と名づけていいのではないだろうか。この期間、日本社会は新憲法のもと、戦後民主主義体制下の市民社会を目ざした。あるいは昭和前期の軍事主導体制から民主主義体制へと変貌をとげていく期間といってもおかしくはない。戦後復興を「経済」の面からあくことなく追求し、そして経済大国になったと評してもいいであろう。

昭和前期、昭和中期、そして昭和後期。この三つの期間を抱える昭和を図式化してみると、どのような図形ができるだろうか。私は三角錐がわかりやすいのではないか、と思うのだ。三角錐は、辺が六本と頂点が四つある錐体である。図を見てもわかるとおり、ＡＢＣ、ＡＣＤ、ＡＢＤ、ＢＣＤの四つの三角形から成る。上下の観念を持ちこむなら、ＢＣＤは底面になっていて表からは見えない。

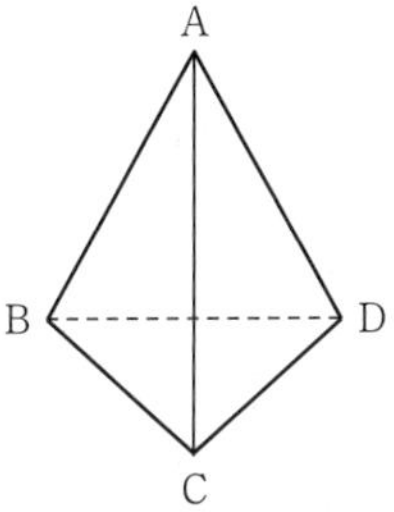

そこでＡＢＣ、ＡＣＤ、ＡＢＤの三角形の表から見える部分をそれぞれ昭和前期、昭和中期、昭和後期と位置づけよう。昭和という時代はそれぞれ見る角度によって異なるとはいえ、この三面から成る錐体としての内部が空虚になっている。つまり内部が空間になっているのである。

この内部空間の中に戦争とか敗戦、帝国主義的侵略やテロ、クーデターといった事件や事象が詰まっていることになる。

三角形の三面は、昭和前期、昭和中期、それに昭和後期と分かれてそれぞれの特徴を発しているのだが、この三面にどのような図柄や色彩を重ね合わせるか、それは私たちがそれぞれの時代をどのように見つめるのかという問いである。この三つの時代がかもしだす空気を確認するために、昭和前期、昭和中期、そして昭和後期にはそれぞれ時代的特徴があると考えてみたい。

たとえば三つの時代について、農業をとりだしてみれば、昭和前期は農業政策の無為がファシズムへの傾斜を促したことがわかるし、地主と小作の対立関係もあった。昭和中期はとにかく食料危機をのりきるための増産政策で、農業の近代化を図るべく国を挙げてとりくんだ。昭和後期になれば高度経済成長の影響により、農業はしだいにその役割を縮少していき、農民は都市に労働力として吸収された。いわば三チャン農業（爺チャン、婆チャン、母チャンが担い手の農業）にと転じていった。

こうしたひとつの素材をもちだして昭和という時代を見ていけば、それぞれの特性がわかるのだが、あえてよりわかりやすく説くならば、そして三角錐の見えざる底面であるBCDを鮮明に浮かびあがらせるには、昭和という時代の政治的責任者を比べると対照が明らかになる。

昭和前期を代表する総理大臣は誰か。この期の総理大臣は若槻《わかつき》礼次郎《れいじろう》から鈴木《すずき》貫太郎《かんたろう》まで十五人がいる。全体に官僚、軍人が多いのだが、この期は太平洋戦争開戦前にそのポストに就き、戦争指導を行った東條英機《とうじょうひでき》を代表にしてよいだろう。確かに近衛文麿《このえふみまろ》や鈴木貫太郎も考えられるだろうが、軍事主導体制の時代、そして崩壊ということを考えれば、東條をおいてほかには見当たらない。

では昭和中期を代表する総理大臣は誰か。私はこれは誰もがためらいもなく吉田茂《よしだしげる》を選ぶと思う。この期には五人の首相(東久邇稔彦《ひがしくになるひこ》、幣原喜重郎《しではらきじゅうろう》、吉田茂、片山哲《かたやまてつ》、芦田均《あしだひとし》)がいるのだが、その在任期間や政治的業績を残したという点では、吉田をおいてほかにはいない。

問題は昭和後期である。この期には吉田茂から竹下登《たけしたのぼる》まで十三人の首相が誕生している。代表となると誰だろうか。高度成長をなしとげた池田勇人《いけだはやと》か、それともアメリカから沖縄を返還してもらった佐藤栄作《さとうえいさく》か、いや明治維新のとき以来の行財政改革を行った中曽根康弘《なかそねやすひろ》か、それぞれの立ち場で名前が挙がるだろう。しかし私はこの昭和後期を代表する総理大臣は、田中角栄《たなかかくえい》ではないかと思う。在任期間はわずかに二年余にすぎないが、この総理大臣こそ昭和後期を代表すると考えていいのではないか。

田中は戦後民主主義体制になって初めて立候補できるタイプであった。むろん戦前にも田中のような叩きあげの経歴を持つ者はいたにせよ、それはむしろ院外団(議席を持たない政党員により組織された外郭団体)の出身者のような者で、徒手空拳《としゅくうけん》でのしあがってくる人物であった。既成政党の政友会や民政党代議士の周辺にいる政治マニアのような一団である。田中はその種の議員とは一線を画し、ただひたすら自分の選挙基盤を固め、そこから利益を生むような独自の選挙態勢をつくり、それを土台にして総理大臣となったのである。

加えて戦後の日本社会が、経済復興という方向を目ざすのを意識して、国民がそれぞれに持っている欲望を自らの政策の中にとりこむことにより、圧倒的な集票能力を持った。田中の演説は、よくいえば率直であったが、別な表現をすれば、「世俗の欲望を政策化しただけで骨太の政策論のなかった政治家」といった評もあたっていないわけではなかった。

東條は陸軍大学校出身の高級軍人、吉田は東京帝大法学部出身の外交官、田中は自らの力でのしあがってきた庶民。三人の総理大臣には共通点がないように見える。しかし前述のように三角錐の見えざる底面をさぐるには、たとえばこの三人に共通する何かがあるはずだと考えてみる。私はこの三人を調べていて(この三人の評伝を書こうと思っていて、そして書きあげたのだが)、意外な共通点に気づいた。三つの面に並ぶ三人の総理大臣はいずれも獄につながれたことがあるとの発見であった。

東條内閣はアメリカと開戦を決意し、実際に戦争政策を進めた内閣であった。三年八カ月続いた太平洋戦争のうち二年七カ月は、東條内閣のもとで進められた。結局、東條は太平洋戦争の敗戦後にA級戦争犯罪人に擬せられ、巣鴨プリズンに収容された。その後東京裁判で、絞首刑の判決を受け処刑されている。つまり東條はその最後は獄につながれた状態になったのである。

昭和中期の吉田茂はどうか。吉田は外交官生活を通じて、そしてその籍を離れてからも一貫して親英米の体質を隠さなかった。「日本は英米と一体にならなければ国際社会では生きてはいけない」というのが持論であった。ということは太平洋戦争そのものに反対であった。吉田には屈折したところがあり、中国に対する軽侮《けいぶ》感とともに親英米が同居しているという矛盾がある。

昭和二十年(一九四五)四月に、吉田は陸軍の憲兵隊により逮捕されている。「お前はアメリカとの間で和平交渉を画策しているだろう」というのが逮捕の理由であった。むろん吉田は戦時下にはそういうルートなど持っていなかった。しかし憲兵隊は、太平洋戦争の開始時期から、大磯《おおいそ》に引きこんだ吉田のもとに多くの同志が出入りしていると疑いをかけ、これらの人びとを「吉田反戦グループ」を略して「ヨハンセン」という符牒《ふちょう》を用いて、一貫して内偵を続けていたのである。

吉田は自らの回想録(『回想十年』)で、このころは東京都内も焼け野原となっていたために、適当な留置場もなくなっていたので目黒区の小学校の教室が獄舎がわりになっていたと書き残している。といっても吉田が獄舎につながれていたのは事実であり、このために吉田は戦後になって、GHQ(連合国軍総司令部)の覚えがよかったのはこの逮捕があったからと正直に語っている。吉田はこの経歴を巧みに利用したのである。

そして田中角栄である。田中は戦後初の選挙では落選したが、二回目に当選している(昭和二十二年)。その折り片山哲内閣が炭鉱の国有化政策を打ちだすと、九州の炭鉱主たちがこぞって国会に駆けつけ、国会内でワイロを撒いている。田中はそれを受けとったのである。起訴されているが、一審有罪、二審無罪になっている。そういうときの田中は、この炭鉱主からの資金はワイロではない、田中土建工業の工事の手付け金という主張を譲らない。実際に九州に田中の工場はなかったのにである。

しかし田中が獄につながれたもっとも大きな事件は、昭和五十一年(一九七六)のロッキード事件による「前首相の逮捕」という出来事である。ロッキード社のワイロ五億円を受けとったと裁かれたのである。田中はむろん否定したが、同社幹部のコーチャン証言をもとに裁かれた。ただしこの裁判の途次に田中は死亡している。

さて三人の総理大臣ははからずも獄に入っている。このほかにといえば、昭和後期に首相となった岸信介《きしのぶすけ》もA級戦犯容疑者として巣鴨プリズンに入っている。

昭和を代表する三人の総理大臣は、こうして獄につながれているわけだが、いずれもその理由にはアメリカがかかわっていることに気づかされるのだ。アメリカが背景にある、あるいはアメリカが直接の原因になっているというのはどういうことか。このことを改めて調べてみればみるほど、日本の総理大臣は、アメリカとの距離をどのようにとるのかが政権維持の要件だとわかってくる。

その理由は次のようになる。

(一) 東條英機――アメリカと戦いアメリカに敗れる。東條のアメリカ観はきわめて拙劣で、駐在武官として有能な軍人の報告に一切耳を傾けなかった。昭和陸軍の中でもっともアメリカを理解していない軍人であった。巣鴨プリズンでまだ二十代に入ったばかりのMP(アメリカ陸軍の憲兵)が、民主主義とは何かを東條に語って聞かせ、東條はそのことに感銘を受けたと面会に来た側近に語っていた、というエピソードがある。

(二) 吉田茂――吉田は親英米体質を一貫して崩さずに外交官生活を続けたが、昭和十年代にはアメリカの駐日大使ジョセフ・C・グルーやイギリスの駐日大使クレーギーらと終始連絡をとっていて、グルーには天皇とその側近は決して戦争を望んでいないと伝えていた。しかし戦時下にはそうした手づるは持っていなかった。

(三) 田中角栄——田中は戦後の保守党内閣の中では、アメリカの政策と一線を引いた首相であった。アメリカに警戒心をいだかせたのは、日本が石油をシベリアから入れようと主張したり、米中接近でニクソン、キッシンジャーが毛沢東《もうたくとう》・周恩来《しゅうおんらい》らと話をつけているときに、田中は一方的に日中国交回復交渉を進め、キッシンジャーをして、我々のつくったケーキのもっともおいしい部分を田中にさらわれたと言わしめたことなど、アメリカに対して独自の外交姿勢を示したことがロッキードの逮捕につながった節がある。いずれ近い将来にこの方面の資料は解禁となるとも考えられる。

昭和のそれぞれの時期を代表する総理大臣は、全員が刑務所や留置場に入った体験があり、それがいずれもアメリカを刺激したことが原因だったということがすぐにわかってくる。

アメリカを抜きに昭和を語れないというのは、重要な事実を示唆している。

そこで三角錐の見えざる部分(BCD)は、アメリカを想定することができるのである。この見えざる部分が他の三つの三角形の面を支え、三角錐の中にあってはアメリカが日本社会をよく見ているという言い方もできてくる。微妙な言い方をすれば、BCDの見えざる底面は、さまざまな意味をこめてといった言い方になるのだが、実はアメリカが日本社会を支えているとも言えるのではないだろうか。

昭和二十年（一九四五）九月二日に、東京湾のミズーリ号上でアメリカなど戦勝国による日本の降伏文書への調印式が行われた。そこにマッカーサーは、ペリーが浦賀に来たときの船に掲げていたアメリカの国旗（星条旗）を本国から取り寄せ、額に入れて飾っていた。マッカーサーの真意を考えてみるべきであろう。

一方でこの三つの面を支え、三角錐の中の空間を支えているのは、昭和天皇だとの言い方もできるのではないか。

前述したようにアメリカが底面（ＢＣＤ）を成しているというのは、西暦から見ての発想ともいえるのだが、昭和という元号で見てみる限りでは、実はここに天皇が落ち着くのではないか、とも思える。

東條の時代（つまり昭和前期）には、天皇はこの国の元首であり、現人神《あらひとがみ》であった。政治的には「君臨すれど統治せず」という立ち場に立っていたと自身ではしばしば発言している。東條は天皇に対して、それまでの内閣総理大臣や軍事指導者たちとは異なった態度をとった。少なくとも天皇の前では、大元帥に仕える軍人であった。しかもそれまでの軍事指導者はその上奏にあたっても、不都合な事実や不明朗な事実は隠そうと試みた。だが東條は当初はそのような態度はとらなかった。そのことが天皇の信頼を得ることにつながった。

天皇は、戦後の昭和二十一年(一九四六)三月に心を許した側近五人に、太平洋戦争下の内実について自らの心境を正直に語っている。意外なことに「東條はもともとは悪い人物ではなかった」という意味の発言をくり返した。それが『昭和天皇独白録』に引用されることになったが、しかし天皇はそれ以後東條を含めて軍人の名を口にすることは決してなかった。

天皇は誰かから聞いたのか、あるいは戦後になって各種の史料を読むようになってからか、心を許した側近には「軍人たちは私を巧みに騙していた」と洩らしている。軍人たちの虚偽の発言、真相を隠しての発言、さらには絶望的な状況になっても真実を明かそうとしなかったこと、などを次々と知り、強い怒りを持った節がある。東條に対してもそうであった。

昭和中期の吉田茂は、天皇に対しては「臣茂」を貫き、占領期にあって天皇制の存続にエネルギーを傾けている。吉田は幣原内閣の外相としてマッカーサーと会見している。このときに吉田は、マッカーサーに対して、天皇はあなたを迎えることを歓迎していて、できるならば一度訪問したい意向を持っていると伝えている。これがきっかけになってこの一週間後(九月二十七日)に、天皇はアメリカ大使館にマッカーサーを訪問している。この会見は成功だったと吉田はその回想録に書いている。

「その後、陛下は幾度か元帥を御訪問になったが、陛下もすっかり元帥に親しまれ、お心置きなくお話をせられるようになった」

つまり吉田は、占領期には一貫してマッカーサーと天皇の良好な関係をつくろうと配慮していたのである。

天皇と東條の関係、天皇と吉田の関係は、それぞれ内容が異なっているが、近代日本の軍人と官僚の関係を示しているといっていいであろう。前述のように三角錐という形で見るならば、天皇はその底面(BCD)で軍人と官僚を支え、彼らもまたそれぞれの思惑を秘めながら、天皇の支え役であった。逆に田中角栄の場合はどうだったのであろうか。

田中角栄と天皇の関係は、いってみれば天皇と庶民のつながりである。いわば赤子《せきし》として天皇制国家の一員であり、同時に一人の庶民として、天皇その人をどのように見つめるかの目を持っているということである。はじめに言っておかなければならないが、田中は軍人(あるいは軍官僚)や官僚とはまったく異なった態度で天皇と接していたとの証言は、数多く聞くことができる。その違いはどのように語ればいいかとなるのだが、私の見るところ田中は、天皇を現人神とも、大元帥とも見ていない。これは田中が大日本帝国下で生活していても、ひとりの庶民の正直な姿を崩さなかったという言い方をしてもいいように思う。

天皇への内奏時、官僚あがりの政治家が身を固くして動きがとれないままに二、三の言葉を発するのに対し、首相としての田中は、たとえば「経済がうまくいっていますか」と問われれば、自分の内閣になってから国際収支がいくらだとか、経済成長率がどのように推移しているか、など具体的に説明をくり返していく。天皇は驚いたような目で見ていたとの証言を宇佐《うさ》美毅《みたけし》元宮内庁長官から聞いた。

田中にとって、官僚出身の政治家たちが恐れる「天皇の政治的関与」(具体的に政策を説明したら、天皇もなんらかの政治的見解を口にしなければいけなくなるので、詳細な政策は語らない)などはまったく気にしない。そういう配慮もしないことで、田中は天皇を自らの側に引き寄せていくという形をとったかのようなのだ。

三角錐の三面に見える東條、吉田、田中の三人の土台には「アメリカ」があり、そして「天皇」がある。三角錐はすべての面が三角形である立体というわけだが、私はこの三角形を正三角形として捉えてきた。しかしよく考えてみると、この三角形の頂点Aを、三人の総理大臣に課せられた「時代の役割」と見、その他の二点を「個人の能力、識見」、そして「政治手腕」と置きかえてみるならば、三人の三角形は必ずしも同じ面積とはならないのではないかとも思えてくる。

東條と吉田を比べると、東條は能力や識見は吉田よりはるかに劣る。田中もまた能力、識見は吉田より劣るにせよ、その政治的手腕は吉田とほぼ同じ程度ということになってしまうのではないか。

とすれば昭和の各期を代表する総理大臣のレベルで見れば、この三角錐は必ずしも正三角錐にはならない。少々ゆがんだ三角錐になっていくように、私には思える。

昭和という時代の前期、中期、後期がどこを切っても金太郎飴のように同じ色、形しかでてこなかったら、それ自体異様であるにしても、昭和という時代の持つ多様性を、私たちは正確に理解しているだろうか、そこに含まれている教訓を見抜いているだろうか。

六十二年と二週間は、西暦で見ていくと、つまりは「アメリカの世紀」に身を置いていた日本が、とくに昭和という時代が終わってもこのアメリカの時代は続いているのだが、今、平成の時代にあってどのような形をつくり、その背景にどういう世界史が見えてくるのか、改めて検証してみることが必要になるのかもしれない。

第二章　昭和史と正方形

――日本型ファシズムの原型――

一般向けに書かれている数学書（たとえば数学教育協議会編『家庭の算数・数学百科』）によると、正多角形とは「図形のうちで、辺の長さがすべて等しく、角もすべて等しい多角形のこと」を指すといい、頂点の数により正三角形、正方形、正五角形といった具合に分かれるというのである。

つまり正方形とは頂点の数が四つの四角形で、AB、BC、CD、DAの四辺はいずれも等しく、ABCDの角もすべて等しい、つまり直角だということになる。

この正方形を昭和史のどのような事象に当てはめるべきか、いや当てはめるとわかりやすいか。私は実に簡単に、昭和のファシズム、あるいは超国家主義を正方形にたとえられるのではないかと思う。ファシズムの権力機構はこの正方形の枠内に、国民をなんとしても閉じこめてここから出さないように試みる。国策への批判なき随伴者であることのみが、国民に要求されるのだ。

したがって反ファシズム運動とは、正方形の一辺を瓦解させたり、あるいは他の一辺を機能させないようにするのが主たる役割ではないかと私は思う。この正方形の四辺は、それぞれどんな性質を指すのか、改めてそのことを具体的に語っておきたい。

まず図のABに、「情報の一元化」を当てはめる。表現の自由や報道の自由を抑圧するというだけでなく、国民に知らせる情報の発信元を一カ所だけに限ってしまう。限ることによって情報の相対化、客観化を図らせないのである。

断っておかなければならないが、ファシズム体制、あるいは軍事主導体制は、昭和史の上では昭和六年(一九三一)九月の満州事変がきっかけになっているとはいえ、軍事指導者やそれを支える親軍勢力というファッショ勢力は、主に昭和八年からこの体制を完備すべくさまざまな政策を進めていったように思う。

そこでこの正方形は、昭和八年ごろからのファシズム体制がどのように進んだかを図形化したものと考え、その方向で説明していくことにしたい。まずABの辺の「情報の一元化」もまたこのころから加速したことになるのだが、具体的にはどのような事実が挙げられるだろうか。

満州事変に対して当時の新聞各社は、共同宣言を発表(これには全国の新聞、通信社など百三十二社が名を連ねた)しているが、そこには「満州国の厳然たる存在を危うくするがごとき解決策は、たといいかなる事情、いかなる背景において提起さるるを問わず、断じて受諾すべきものに非ざること」とあるのだから、新聞それ自体が権力機構にそのまま組み込まれることを自ら希望したといってもよかった。このことは新聞やラジオ(まだ設立して七年余のラジオ放送は、満州事変後は「時事解説」「時事講座」の名のもとに、積極的に満州事変の旗ふり役を務めた)が、国家の宣伝要員になることを志したといってもよかった。

昭和八年には、陸軍省の中に新聞課が設けられ、陸軍の情報はここからのみ発せられ、これ以外のルートからの陸軍についての情報は統制下に置かれることになったのである。この新聞課はのちの内閣情報局の母体となるのだが、メディアに戦争報道の情報を一方的に流していくことになる。新聞課は発足してまもなく、各新聞社に「軍民離間(注・軍部と国民の間を引き離すこと)の報道を避けるように」と伝え、軍部の動きや満州事変を批判してはならないとの意向を伝えている。

内務省の検閲は、たとえばメディアの側が握っている編集権をそのままにして、報じる内容をチェックするのに対し、昭和八年ごろからの陸軍省新聞課は編集権の内部にまで入りこみ、「報道」そのものがきわめて国家の意思に沿うようにと要求しつづけることになった。

正方形の一辺は、情報を一元化させることにより、情報に対する相対化の目を奪い、そして国家の政策を信じない人びとへの弾圧を拡大していくことになった。

正方形のもう一辺(BC)には、「教育の国家主義化」を加えていいであろう。それ以前の教科書が、いわば人間として生きる意味が強調されていることに、ファッショ勢力は不満であった。大正デモクラシーの残り火がこのころの教科書には伝わっていたのだが、それを消してしまおうというのが昭和八年時改訂の真の狙いでもあった。とくにこの改訂には陸軍が口を挟み、国防意識を小学校の児童生徒から叩きこまなければならないと主張して、教科書の内容にあれこれと注文をつける形になった。

教育学者の唐澤富太郎の研究書『教科書の歴史』には、

「昭和八年に使用されることになった第四期国定教科書は、青色表紙の修身書、色刷りの『サクラ読本』という如く、その他の教科書もまたその装釘《そうてい》を一変してあらわれたが、更にその内容の変化には著しいものがある」

と書かれているのだが、その内容は「臣民の道を強化し、軍国における忠君愛国の精神の鼓《こ》吹《すい》を教育目的とした」とあった。つまり神国日本が強調されているのである。

第三期の大正期の国定教科書は、市民の道を説く内容もあったが、それは見事なまでに一掃されてしまった。日本のファシズムが天皇神格化の道を辿ることになったのを小学生の段階から教えこもうというのである。

教師に対しては、天皇陛下をいかに児童生徒に教えるかという点で、四点の指示を与えていた。前述の唐澤書によれば、その四点とは以下のようになっている。

(イ)　天皇陛下は我が大日本帝国をお治めになる最も尊い御方であらせられること。
(ロ)　私たちは皆天皇陛下の臣民であること。
(ハ)　私たち臣民は常に天皇陛下の深い大御恵を受けていること。
(ニ)　私たちの祖先も時の天子様の臣民であって、深い大御恵を受けていたこと。

この四点をくり返し、教えこめというのである。こうした国定教科書のファシズム化とその教授法は、むろん単に児童生徒に強要されるだけではない。このような子供たちの視点が、家庭や地域社会にそのまま持ちこまれることによって、大人たちがそれを受けいれていく素地ができあがっていくのである。

正方形の一辺により、こうして教科書を通じて天皇制ファシズムの意識が「子供から大人へ」、あるいは「学校から家庭・地域社会へ」と還流されていく。この還流が社会全体に一定の役割を果たしていくことになるのであった。

正方形のもう一辺（CD）は、「弾圧立法の制定と拡大解釈」である。これもまた巧妙な形で進んでいく。

治安維持法による検挙者の数字は、昭和六年から急増していくとの報告がある。それが上の表になるわけだが、このふえ方はむろんファシズム体制と一体化している。とくにこのころからは共産党員だけではなく、共産党の影響下にあった各種団体の構成員もこの法律の対象になり、相次いで検挙されていく。

治安維持法による検挙者

	全　国	長野県
1928（昭3）	3,967	71
1929（昭4）	5,308	25
1930（昭5）	6,877	36
1931（昭6）	11,250	79
1932（昭7）	16,075	86
1933（昭8）	18,397	743

（『治安維持法と長野県』より）

共産党員がいなくなったら、治安維持法は次々にその対象者の範囲を広げていき、共産主義者であろうとなかろうと特高警察が気にいらないとなったら、あるいはかなり恣意的に検挙を続けていくことが明らかになっていく。そのような弾圧ですべての社会運動を根こそぎ抑圧しようというのが、ファシズム権力の狙いでもあった。

たとえば長野県を例にとると、『治安維持法と長野県』（治安維持法犠牲者国家賠償要求同盟長野県本部編)には、「一九三三年(注・昭和八年)に最大の検挙者をだしたが、その頂点をなしたのが二・四事件(いわゆる『教員赤化事件』)であった。(略)二・四事件によってこれらの運動は壊滅状態に追いこまれ、満蒙開拓の全面的な『先進県』になったことに象徴されるように、長野県では急速に戦争協力体制が形づくられていった」と記録されている。

長野県の教員赤化事件は、大正時代の初めから、農民運動、労働運動、青年運動などが継続的に幅広く行われていたが、それを弾圧するために利用された事件である。長野県の治安維持法による検挙者は、昭和八年には大幅にふえている。これはその適用範囲が広がったためで、弾圧立法は常にその運用範囲を拡大して、対象者をつくりあげていくという原則を示している。

そして、本来治安維持法では検挙されない者まで、たとえば「影響下分子ニ至ル迄徹底的ニ芟除《せんじょ》」という検挙方針のもと身柄を拘束されていく。長野県の教員赤化事件にしても、検挙者の総数五百七十二人の中には、なんらの疑いもない者まで含まれている。前述の『治安維持法と長野県』という書の中には、次のような記述がある。

「『将来ノ発芽原因』を除去するために、『犯罪行為』の明らかでない者まで検挙し『将来ヲ訓戒』するという方式は治安維持法の無制限適用に道をひらく実質的な改悪である」

つまり拡大解釈どころか、この人物は将来赤化しそうだと特高警察が判断すれば誰でも検挙できるというのだから、いやはやもう話にならないほどの非道ぶりである。こうした法律の拡大解釈は昭和十年代に入ると、ごくあたり前になっていく。そこがファシズム体制の怖さであろう。まさに昭和八年はそのスタートに立った年なのである。

正方形の残りの一辺(DA)は、「官民挙げての暴力」である。いわばテロリズムと官憲による拷問が一般化していくことで、誰もが肉体的な恐怖に脅える。

昭和七年(一九三二)の五・一五事件は陸軍士官学校候補生と海軍の士官、それに農本主義団体の愛郷塾《あいきょうじゅく》が加わっての犬養毅《いぬかいつよし》首相暗殺事件であった。このテロ事件は被害者より加害者が賞賛されるという日本的な特徴を持ったが、「テロは悪」というより、「たとえテロでも、動機が正しければそれは容認される」という、妙な倫理感を生むことになった。テロそのものを容認したのである。

こういう暴力を肯定する空気というのは、ファシズム社会、あるいは軍事主導体制のもとではあたり前となる。テロは肯定され、官憲の拷問は容認される。特高警察には拷問専門の刑事があらわれ、警察機構の中ではヤリ手と評されていく。なぜならこういう刑事に取り調べを任せれば、拷問によって自白調書はいくらでも警察に有利な内容になる。検察側もその調書をもとに裁くわけだから、拷問刑事の「犯人検挙率」なるものはかなり高くなっていくのである。

警察機構の中では、こういう刑事の拷問については見て見ぬふりをしている。あるいは汚れ役を押しつけて大半の者は知らぬ顔をしている。暴力の前に彼らの良心などすぐにマヒしてしまうのである。

正方形の四辺は、「情報の一元化」「教育の国家主義化」「弾圧立法の制定と拡大解釈」「官民挙げての暴力」で固めていく、国民はつまりはその枠組みから逃れられなくなる。いわば檻に入ったような状態になるからだ。ファシズム体制とはまさにこの正方形で囲まれた枠組みの中に押しこまれた状態をいう。

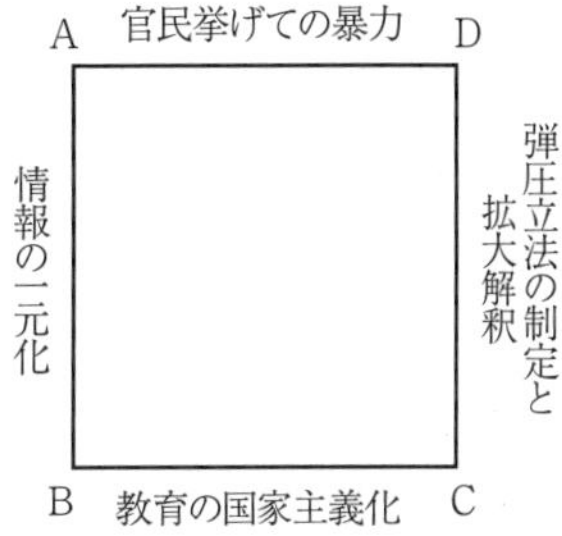

だがすべての国民がこの状態に納得するわけではない。この檻の中から脱出を試みたり、逃避を考える者とて少なくないはずである。ファシズムに抵抗する人びとは、あの日本軍国主義の意識のもとでも少なくなかったことは歴史が証明している。

この正方形から脱けだす人びとに対して、国家権力はどのような扱いをするだろうか。まず「共同体からの放逐」である。抵抗をやめない、あるいは抵抗の姿勢を見せていると特高警察が判断した場合に、その家族に対して見せしめが行われる。その人物の実家を訪ねて、「あんたの息子は国のいうことをきかない、とんでもない非国民だ」と圧力をかける。ときにその人物の兄弟姉妹が結婚している相手先にも出かけていき、「あの一家は非国民だ」などと言いふらす。当然なことにその家庭では、息子(娘)に対して、「おまえはお国の方針に逆らうな」と言い、「逆らいつづけるなら、もう義絶だ」と脅す。あるいは諭すということになろうか。

それを受けいれないと、つまりは家を出て行くことになる。「共同体からの放逐」である。

一方、会社勤務をしていれば、特高警察は経営者のもとに赴いて、「なんであんな人物を雇っているのか。おまえの会社は非国民を雇う反国家的企業だ」と脅す。経営者は仕方なく、「おまえがお国に楯つくようなことをつづけるなら辞めてくれないか」と言わざるを得ない。いわば「生活権の剝奪」である。

共同体から追いだされ、生活権も奪われるとあっては、日々の生活が成りたたない。結局は先の正方形の中に閉じこもっておとなしくしている以外にないということになる。

ファシズム体制の国家では、こうして国の政策に抗することはできなくなる。くり返すことになるが、正方形の中に閉じこめられるとそこから脱けだすことは容易ではないとの意味になる。一方的に流される官製報道のみ信じ、教科書が鼓舞する忠君愛国の思想を己れのものとし、特高警察や憲兵隊ににらまれることなく、逮捕されて拷問を受ける危険性も避けて、ひたすら良き臣民としてふるまうというのが、大半の個人としての生き方であった。

しかしそれでもなお、ファシズム国家の、あるいは軍事主導国家の国策に納得できないというとき、人はどのような行動にでるのだろうか。私の見るところそれは三つの方法しかない。その三つとは、

(一) 面従腹背
(二) 自決
(三) 亡命

である。この三つのいずれかを選んで、ファシズムの時代が終わるのを待つ以外にない。昭和八年ごろからのファシズム体制下では、国家の意思に恭順の意思を示す「転向」がもっとも多いが、三つのうちの「面従腹背」とは真に転向した者ではなく、偽装転向した者を指すわけである。

私はこれまで共産主義者、アナキスト、過激な国家主義者、宗教家、リベラルな言論人や編集者など何人かに話を聞いてきた。いずれも治安維持法の拡大解釈により、逮捕されたり、検挙された人たちである。戦後になって彼らは大体が、「自分は面従腹背だった」と語るのだが、

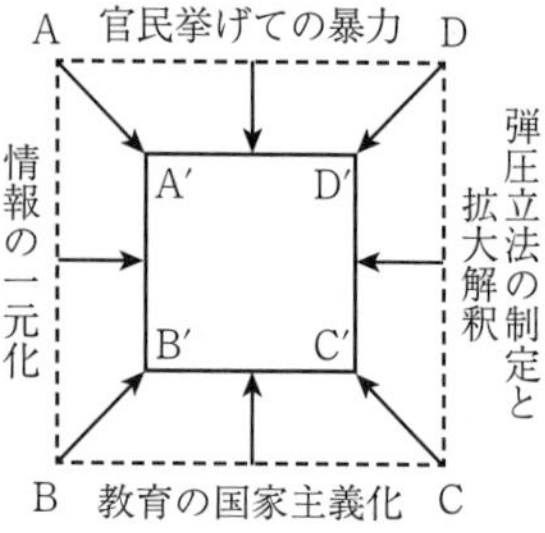

それは転向の負い目を背負っていたからといえるかもしれない。戦後になって、このタイプが多かったといっても、それはファシズム体制下の非人間的状況があまりにも非道だったために、その言い訳はやはり認めるべきであろう。

「自決」というのは、意外に多いようにも思うが、この点について統計がとられていないので、充分にその数字を描きだすことはできない。

だが昭和八年（一九三三）に自決した岩倉具視《いわくらともみ》の曽孫の岩倉靖子《やすこ》（治安維持法違反で逮捕）の例をひくまでもなく、官憲の弾圧に抗して死の道を選んだ社会活動家や思想家は少なくないというべきであろう。

「亡命」は日本ではそれほど多くはない。昭和十三年（一九三八）に、南樺太《みなみからふと》からソ連領へ亡命した女優の岡田嘉子《おかだよしこ》と演出家の杉本良吉《すぎもとりょうきち》の例などがあるが、亡命それ自体、当時の日本人にとっては考えられないことであり、ケースとしては多くはない。

この四辺の檻に、国民を押しこめていくことは、ファシズム国家が国策を進めるために不可欠の要素ということになるが、しかしそれだけでは常に不安である。つまり上の図が描かれることになる。

ＡＢ、ＢＣ、ＣＤ、ＤＡの四辺をさらに小さくして、その正方形の面積をより狭くしていこうと試みるのである。国家は常に国民の反撥が不安であり、安心を得るためにこの正方形をより狭めていくとの習性を持っている。あるいは権力者は、国民の意識を常により狭い檻の中に閉じこめておくことで安心を得るだけでなく、自らの権力基盤を固めておかなければいつその権力がとってかわられるかとの不安を持ちつづけているといっていいであろう。

太平洋戦争が始まってからの日本の権力機構は、この不安を常に口にしている。太平洋戦争の開戦は、陸軍大将の東條英機《とうじょうひでき》によって始められた。彼は、三年八カ月続いた太平洋戦争のうち二年七カ月を指導したことになるが、常にこの不安を打ち消すように、たとえば「戦争とは負けたと思ったときが負けだ」といった言い方をくり返している。どういうことか。

日本軍は決して負けないと信じていれば負けないという意味にもなるが、このことをさらに細かく分析していくと、「日本は決して負けない」ということになる。なぜなら、日本は国が滅びるまで、国民の最後の一人まで戦って亡くなっても、負けたと言わないのだから負けたことにはならない。むろん主観的にである。しかし客観的には戦敗という状態どころか、国がすでに国家としての態をなしていない。にもかかわらず、「日本は敗れた」と認めないがゆえに、負けてはいない。こういう三段論法は、東條の得意とするところだが、実はこの論法は、数学でいう「アキレスと亀」によく似ている。

俊足のアキレスが、歩くのが遅い亀のあとから同時に走っていく。決して亀はアキレスに抜かれないとの論法なのだが、アキレスが亀の位置に着いたときには、亀はどれほど遅くても少しは進んでいるわけだから、アキレスよりは少し先にいる。この論法を用いると、アキレスは決して亀を抜くことはできないということになる。無限に走り続けてもアキレスは亀を抜けない。

東條の論法はこれと同じで、アメリカがどれほど日本を叩いても、日本は少しは防備体制をとり抵抗するわけだから、アメリカは勝ったことにはならない。日本の隅々にまでアメリカが入ってきても、日本は負けてはいない。こんな無茶な論法が、太平洋戦争下では政治、軍事指導者によって平気で国民に叫ばれていたというのは、まさに軍事主導体制はその末期には病的な心理に陥っていたことになるのではないか。

加えて東條軍事政権は、ファッショ国家よりさらに暴力的な正方形をつくり、その檻の中に国民を押しこめようとしていた。単にファシズム体制の正方形よりも、さらに暴力的な正方形をつくりあげようとしていたことになる。その正方形を説明しておきたい。

東條軍事政権が戦時下につくりあげていた正方形では、まずABの辺は「大本営発表」である。単に虚偽とか誇大な戦果発表というより、まったくの虚言でもって国民を騙していたのである。BCは、「軍人勅諭」や「戦陣訓」で、軍内のモラルを一元化していただけでなく、国民もすべて「兵士」扱いしていて、とくに「戦陣訓」でその言動を縛りあげたのである。「お国のために死を」と要求しながら、自分たちは軍事指導者として特権的な地位を確保していた。CDは、「戦時下の時限立法」を指し、とにかく大日本帝国憲法下の「臣民」としての権利にさえすべて制限を加えていた。

DAの辺は、自らに抗したり、軍事に異議申し立てを行ったりした者を、その報復として容赦なく戦場に送りこんだ。いってみれば、「懲罰召集」である。「おまえは戦場で死ね」と命じるに等しい。

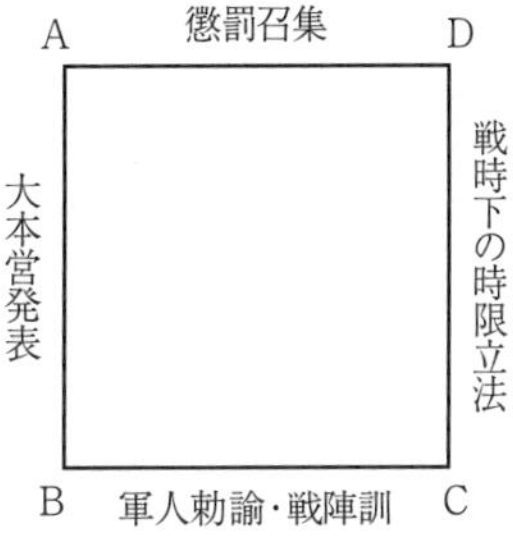

この正方形で国民を囲いこみ、戦争に国民を狩りたてたというのが正直な姿でもあった。この姿を昭和史の中軸に据えてみることで、私たちはさまざまな教訓が得られる。軍事指導者たちは、「戦争」を自らの権力拡張のための手段に用いて、自分たちに抗する者は戦場に送りこみ、平気で戦死に追いやっている。こうして太平洋戦争

発表回数の変遷

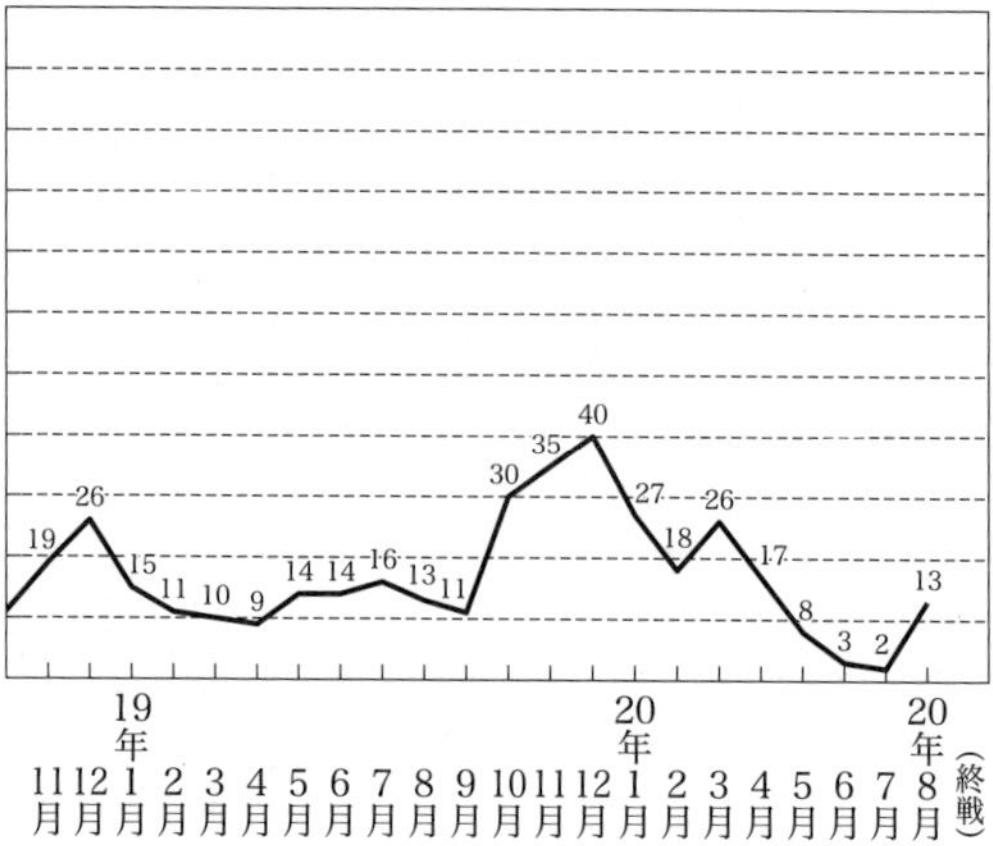

作図・保阪正康）

下の権力構造が維持されたことを知ると、次のような鉄則が浮かびあがってくる。

〈侵略戦争という暴力的国策を進めるときは、その内閣はより暴力的な政権にと推移していく〉

侵略を受けたときにそれに抗する政権は、国民が一体となってそれを支持、支援するために暴力的な図式は必要としない。しかし国民の生命と財産を守るべき政権が、ひとたび侵略色の濃い戦争にふみこんでいくときは、より過酷な暴力装置を伴う構造をつくりあげていくことになる。その分だけ侵略の軍隊は戦場にあっても残酷な行為に走りがちになるといっていいのであろう。

東條軍事政権による軍事独裁の正方形を改め

大本営発表月別

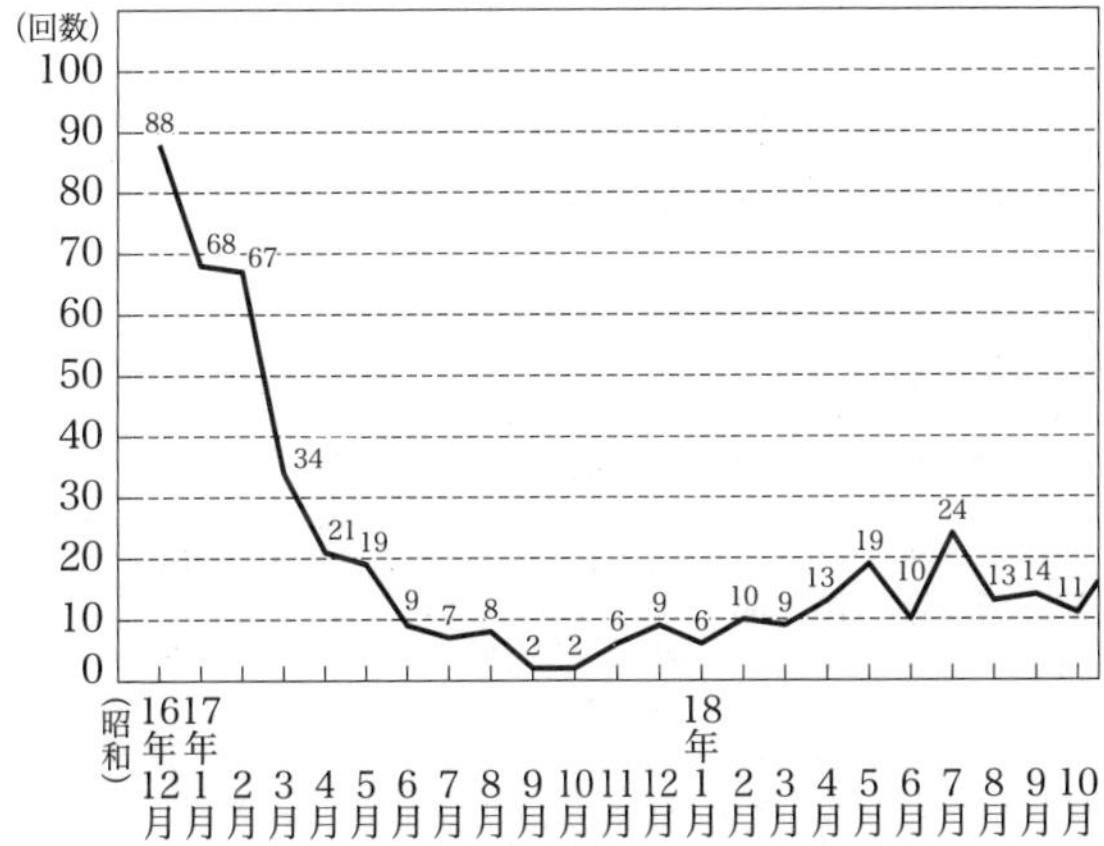

(戦時下の東京朝日新聞と富永謙吾の『大本営発表の真相史』から.

て説明しておくが、ＡＢの「大本営発表」は、太平洋戦争下にあってあまりにも国民を欺く戦果発表であった。この発表は太平洋戦争の三年八カ月の期間、八百四十六回行われたのだが、その内容をひとつひとつ丁寧に検証していくと、そこにある法則が成りたつことがわかる。

太平洋戦争は五つの段階を経て、日本は敗北に至る。「勝利」「挫折」「崩壊」「解体」「降伏」となるのだが、大本営発表は、勝利のときはくり返しなんども戦果が発表される。昭和十六年（一九四一）十二月は、日本が不意打ちしたために戦果があがったのだが、そのためにわずか三週間で八十八回も発表が続いている。この発表回数を図にしてみると、上のようになる。ところが戦況が悪化していくと、初めは「言葉の言いかえ」「事実の隠蔽」「虚偽」「事実のすりかえ」「誇大な戦果」、そして万策尽きてしまうと、「沈黙」になってしまう。国民の心理を巧みに操ろうとしつつも、敗戦という現実を知らせまいと最後には「沈黙」になる。

次の一辺(BC)は主に「戦陣訓」なのだが、兵士に対して捕虜になるな、その死まで戦え、という内容である。この戦陣訓は銃後の国民にも要求された。沖縄戦はそのことを物語っている。戦時下にあっては国民もまた兵士としての務めを要求されただけでなく、率先して一身を賭してお国に奉公せよと命じられた。

さらに他の一辺(CD)は「戦時下の時限立法」であり、戦時下にあっても戦況についていかなることを話すことも許されず、たとえば「沖縄戦はもう負けていて、いよいよ本土にアメリカが攻めてくる」といった言を吐いても流言蜚語《りゅうげんひご》をとばしたとして逮捕されることになる。見ざる、聞かざる、言わざるに徹しなければならない。昭和二十年(一九四五)に入ると、アメリカ軍のB29は、日本の中小都市にも爆撃を加えてくるが、その折りに必ず、何日何時ごろに爆弾を投下するといったビラを撒く。このビラを拾ったまま持っていたり、内容を読んだりすると罰せられる。すぐに警察や憲兵に届けでなければならないのだが、このビラを読んだ人や警察や憲兵は自分の家族に、その時間に市内から離れているように伝えている。

ところが当時の官憲の命じるままに、ビラを読まずにそのまま届けでた人たちは爆弾投下を知らずに被災したり、戦死している。まさに「正直者が馬鹿を見る」といった光景が描かれている。

最後の一辺(DA)は、反東條や戦争遂行に異議申し立てを行ったり、東條の意にそわない言動をとったり、あるいは抗したりすると、たちまちのうちに戦場に送られたことだ。この「懲罰召集」により、多くの犠牲者がでたことはまだ充分に語られていない。逓信省の局長だった松前重義《まつまえしげよし》は、東條内閣の戦争政策に異議申し立てを行ったということで、四十代に入っているにもかかわらず二等兵として懲罰召集を受けている。松前はこのことを『二等兵記』という自伝風の書の中で、こまかに書き残しているのだが、あえて松前だけを召集したと見せないために、松前と同年代の人たち百人近くを召集したことにふれ、その中の多くの人が戦争の犠牲になったことに申しわけなさを感じていると書いている。

このような残酷なシステムにより、東條型軍事独裁政権は維持されていたのである。ここには歯止めを失った国家があらゆることを平然と行うという、軍事独裁政権の怖さがよく示されている。太平洋戦争の末期、日本は正常な感覚を失って、「一億総特攻」を呼号したのだが、そう呼号していながら、自分たちと肉親などの身は何をおいても、戦場から遠ざける地に置いていたことは、その退廃がどのようなものであったか、その無責任さを今に至るも、私たちに教えている。

ファシズムに至る正方形、軍事独裁政権の正方形、今の私たちには縁遠い話として黙殺するのか、あるいは教訓として生かすのか、自らに問わなければならない。いつの時代にあってもこのような正方形の怖さだけは自覚しておく必要がある。

第三章　昭和史と直線

――軍事主導体制と高度経済成長――

直線とはA点からB点までを最短距離で結んだ一本の線であると、私は考えるのだが、数学上では「線とは幅のない長さである」といい、「直線とはその上にある点について一様に横たわる線である」と、ユークリッドによれば定義づけられるそうだ（『家庭の算数・数学百科』）。数学の門外漢には、その意味するところはよくわからないが、この書の解説では、「点が動いて線ができ、線が動いて面ができる」との意味になるそうだ。

もっとも現代数学では、点とは何か、線とは何か、という定義は行わないという。ただ点や線の果たしている役割を見ていくことにより、点や線の定義は行われるとも書かれている。それゆえに「無定義用語」といわれているそうだ。

素人考えでいえば、あえてこのような基礎的用語は定義する必要がなく、数学上に用いられているということにより、おのずと定義されているということなのであろうか。

ところがこの「直線」という数学用語は、数ある数学用語の中でもっとも文学的かつ情念的に用いられている。換言すれば、社会的表現に転じた用語といってもいい。融通のきかなさや猪突猛進の様子を語る折りにも用いられるし、日常会話でも「あいつは直線的な男だよ」と語られたりする。歴史書などでも、「この時代は戦争にむかって直線的に社会が進んだ。あらゆる批判や疑問がないがしろにされた」といった表現に出会うし、とくに昭和の軍部を語るときには、この「直線」という表現がもっとも便利ではないかとも思われるのだ。

私自身は、昭和史の二つの時代を密かに「直線の時代」と呼んでいる。この直線の時代を検証することなしに、昭和に生きた日本人の国民性は理解できないのではないかと思う。二つの「直線の時代」とは次の期間である。

㈠ 昭和六年(一九三一)九月の満州事変から、昭和二十年(一九四五)九月の大日本帝国の軍事主導体制の崩壊まで。

㈡ 昭和三十五年(一九六〇)十一月の池田勇人《いけだはやと》内閣による所得倍増政策の始まりから、昭和四十九年(一九七四)十一月の「戦後初のマイナス成長」による高度経済成長体制の崩壊まで。

㈠はいうまでもなく、「軍事」が軸になって、まさに直線的に進んだ時代である。㈡は「経済」が中心になり、それ以外の分野をほとんど無視して突き進んだ時代である。いずれの時代もわずか十四年である。十四年で日本社会はとにかく一気呵成に突き進み、そして崩壊、あるいは方向転換したといっていいのではないかと思う。

昭和史にはA点からB点までとにかく直線的に突き進んで成果をあげる反面、とんでもない結果を生みだすという特徴もあった。これをどのように表現すればいいか。私は適当な語を見いだすことはできないのだが、この直情径行的性格が昭和史の年表の背景に浮かんでいるといってもいい。

この点についてこれまで私が目にしてきた書の中で巧みに分析していると思ったのは、イギリスの歴史家であり、評論家でもあるポール・ジョンソンの評である。ジョンソンは二十世紀を通観した書(邦題は『現代史』、原題は『A HISTORY OF THE MODERN WORLD』)の中で、「中国人は空間に生き、日本人は時間に生きる、とよく言われる」と書き、「中国人は反復するサイクルで人生をとらえている」とも指摘したうえで、日本人については次のように書いている。

「日本は細長い背骨のような島々の集まりからなる国で、むしろ古代ギリシアに似ている。日発展を線的にとらえる意識はほとんど西洋的といってよく、点から点へ全速力で移動する。日本人は時間とその切迫性を意識しているが、これは西洋以外の文化ではほとんど例を見ないもので、このため日本の社会では活力が重視される。日本の気候もまた穏やかとはいえない。変わりやすく予報が難しいのはイギリスの天候と同じだが、こちらのほうがはるかに猛々《たけだけ》しい」

この指摘は前述の昭和の二つの「直線の時代」の本質をついているのではないか。つまりA点からB点へ、「全速力で移動する」し、その国民的性格はこの天候の激しさと軌を一にしているというわけでもある。

「戦争の時代」の十四年間をふり返ると、私たちの昭和がいかに直線的だったかが一目瞭然なのである。本書でも日本型ファシズムを正方形にたとえて論じてもきたが(第二章)、よりわかりやすくいうならばわずか十四年で、軍事を起こし、軍事を中心に日本社会が動き、そして日本それ自体が軍事の敗北によって壊滅していくプロセスは、マラソンを短距離なみのスピードで走っていくのとほぼ同じような流れなのである。

昭和六年九月の満州事変から二十年八月の戦争終結までの十四年間に、軍事的には日本は次のような流れを辿ったと見ていいだろう。あえて簡単に項目を並べてその猪突猛進ぶりを確認する。

満州事変を謀略で起こし、満州国を建国し、やがて華北にその軍事的勢力圏を広めようと画策して日中戦争を引き起こす。アメリカ、イギリスなどの支援を受けた中国の抵抗にあってこの戦争は長期化し、そして太平洋戦争にまでゆきつく。アメリカを中心とする連合国との戦争では、緒戦《しょせん》こそ一定の勝利を得たものの、その国力の圧倒的な開きによって最終的にはいかんともし難く敗北を喫する。

この軍事的な流れに即応するための国内政治システムがいわゆる昭和の超国家主義、ファシズム体制となるわけだが、満州事変のあとは治安維持法の運用拡大、天皇機関説排撃運動と国《こく》体明徴《たいめいちょう》運動、そして二・二六事件、それにつづく国家総動員法の成立、皇紀二千六百年の神国日本の精神高揚などが続いて、日本人はきわめて狭い形のナショナリズムの中に入りこんでいく。このナショナリズムこそ、攘夷の思想にもとづいての排外思想であった。

大まかに年表から垣間見える光景を描いていくと以上のようになる。昭和の「戦争の十四年間」は、まさにこれらの項目に代置される流れを全速力で駆けぬけたという言い方をしてもよかった。ポール・ジョンソンの語るとおりに、「日本人は時間とその切迫性を意識している」存在なのだとも指摘できる。駆けぬけている間、日本社会は軍事のこと以外はまったく見向きもしなかった。

この十四年間の加速する力というのは、それだけ国民世論が「軍事的目標」に収斂《しゅうれん》したからこそ生まれたともいえた。軍事への反対は許されずに、国民は大体が軍部の示す方針にしたがった。したがったというより、強制的にその枠内にとどめられて国力は予想以上の力を生んだともいうべきであった。

十四年間を直線的に進むためには——つまり日本のファシズム体制を分析するには、と言いかえてもいいのだが——どのような視点で見るとわかりやすいのだろうか。軍事主導体制という網で時代がくくられることがまずは絶対条件になる。具体的には、「戦争という国策が正しいか否か」とか「日本は中国を侵略すべきでないのではないか」といった意見などが世論の中で起こったら、正直なところ軍部の軍事主導体制による国民一体化は夢に終わってしまう。そのためにそういう意見は封じなければならない。「戦争が良いか悪いか、などは論じるな。今は、戦争に勝つか負けるか、のほうがはるかに重要なんだ」との強圧的な論が日々くり返されることになってしまう。加速がつくというのは軍事以外のことはすべて無視ないし忘却されるということだ。

軍事主導という大網で囲んだならば、日本社会がどのようになっていったかがわかる。軍事主導体制一色で染められるのであるから、その結果どんなことになるのか、それをアトランダムに並べてみよう。

（その一）　軍事主導体制は、あらゆることが軍事のみに収斂されることになる。

この例は幾つもあるのだが、たとえば大蔵省に昭和十四、五年頃に入省した大蔵官僚は、戦時予算は組めるにしても、平時予算は組むことはできない。つまり昭和の「軍事という直線の時代」にあっては、大蔵官僚といえども平時の予算の組み方は学ばないわけである。戦争が終わったあとに組んだ昭和二十一年度、あるいは二十二年度の国家予算はあまりにも財政上の知識を無視していて、GHQ（連合国軍総司令部）がアメリカから招いた財政顧問たちが驚いたというのは有名な話である。「日本の官僚は予算の組み方を知らないのではないか」とつぶやいたエピソードは密かに大蔵官僚たちのプライドを傷つけたとして語り継がれている。

（その二）　兵士たちには命の値段がつけられているというのはあまり知られていない。

この例をもっとも端的に語るエピソードとして、私は特攻隊員のケースを紹介しておきたい。これは私自身の体験になるのだが、私は特攻隊の仕組みや隊員の苦悩を具体的に調べていて、いつも不思議に思うことがあった。それは陸海軍あわせて三千八百余人の特攻隊員が、大本営の無責任な作戦指導の犠牲になったのだが、その内訳を調べてみると七割余は学徒兵だったり、少年飛行兵だったりする。それゆえに彼らの残した手記や遺書は、私たちの胸を激しく打つ。涙なしには読めない手記もある。もっともそのような手記は、大体が検閲を受けずに密かに人づてに家族のもとに届けられたケースが多い。

それはともかく、なぜ学徒兵や少年兵が特攻隊員に選ばれたのか。私はそのことに強い疑問を持った。

その疑問を昭和五十年代に、軍事指導層に属した将校や参謀を訪ね歩いてぶつけてみた。「なぜ特攻は海軍兵学校や陸軍士官学校の軍事教育を受けた軍人たちが行わなかったんですか」という問いである。もっとも特攻の第一陣は海軍兵学校七十期生の関行男《せきゆきお》大尉（死後・中佐）の敷島隊だが、そのあとはこうした職業軍人は少ない。職業軍人の名誉のために補足しておくが、彼らは特攻作戦を回避したのではなく、陸海軍ともこうした正式の軍人を特攻隊員にするのは避けるという方針を密かに持っていたといってもよい。

さて私の問いに対する答である。なかなか適確に答えてくれる元軍人は少なかったのだが、航空畑のある参謀が、「君は軍国主義の時代を知らないんだね」と言ったあとに、次のような説明を行った。

「一人の軍人を育てるために国はどれだけのお金を使うと思う？　たとえ尉官でも十代から軍の学校に通っていると、国はそういう人物に――そう、給料が四十円、五十円の時代にも千円や二千円を使っていたんだからね。そういう軍人をどうして特攻で死なせることができるかね」

私は脳天を殴られたような感がした。「では学徒兵や少年兵には国がお金を使っていないということですか」と尋ねた。その参謀は、「そういうことになるね」と応じた。

こう書くと、この元軍人はなんと理不尽な、人間味などこれっぽちもないのか、とどなりたくなる。怒りもわいてくる。しかしこれは軍事主導体制下にあってはあたり前のことなのだ。軍事のためにどれだけ役だつか、それこそが戦時下における「人間の価値」であり、「値段」なのである。むしろこの軍人は正直にそのことを教えてくれたのであった。

軍事主導体制という網を張ると、そこにそういう「人間の序列化」が始まるのはあたり前、つまり軍事的に価値のない者から死んでいけ、というのが日本軍国主義の特徴だったのである。つけ加えておけば、第二次世界大戦ではアメリカ政府は軍事体制と非軍事体制(平時体制)を並行させていた。戦争を受けて立つという形だったからだ。

あえてもう一点つけ加えておく。昭和二十年(一九四五)八月六日に広島に原爆が投下された。翌七日に広島市の近在の旧制中学や高等女学校の生徒が広島入りを命じられて市内に入り、亡くなった人たちの遺体の処理を行っている。これも不思議なのだが、なぜ江田島《えたじま》の海軍兵学校の学生たちが市内に入って、この仕事に携わらなかったのか。それについて海軍の首脳部の、

「彼らは次代のエリートである。どうして彼らをそういう仕事に従事させることができようか」といった証言が残されている。これも「地方人（一般の人びと）」と「軍人」の間に差異化、序列化がされている典型的なケースである。

こうした事実は幾つもあるのだが、日本社会はひとたび軍事主導体制というコースをつくったなら、それに合致する順に人間の序列をつくり、効率よくそれを加速させていくのである。私がいう「十四年で何でもやってのける直線的な社会（あるいは日本人の国民性）」はこのような不合理の上に成りたっていると知っておくべきである。

（その三）　学問研究の内容は軍事的に価値があるか否かが判断の基準となる。

太平洋戦争の戦時下にあって、大学の多くは文学部を廃止している。国家総力戦の名のもとに一人でも多くの「敵」を抹殺するのが、国民一人ひとりに課せられた役割である。それなのに、「私はヒューマニズムの研究を始めたいのですが……」などと言ったら、それこそ指導教授から注意されるだろうし、学校内にいる配属将校にぶん殴られてしまうだろう。

文学部を廃止するというのは、人間の平時の心理や、生命とは何か、といった問いかけをまったく無視することでもある。太平洋戦争の戦時下に、「英語を学ぶな」との命令が下され、電車の中に横文字の書を持ってのりこんだ大学生が、憲兵隊に検挙されたという話などはそれこそ幾つもある。この場合、アメリカのように逆に敵性語たる日本語を大いに学んで、日本人とは何を考えているのかを探ろうとしたエピソードとはまったく異なっていることに気づかされる。

日本のように「英語を学ぶな」というのが直線社会なら、アメリカが逆に「大いに日本語を学べ」と説いたのは曲線社会ということになろうか。直線社会の特徴は、効率がいい半面、その分だけ多くのものを失ってしまうのである。曲線社会は戦争のための価値観と平時の価値観を共存させているがゆえに、戦時下といえども社会全体にバランスが保たれているということになろうか。

太平洋戦争を含めての軍事主導体制の十四年間、日本社会は何を得て何を失ったのだろうか。それは私たちの日常心理の価値観さえ歪めてしまったともいえるし、十四年間に育ったであろう多様な考え方を失ってしまったといえるのではないだろうか。それはもうひとつの「十四年間」を検証しても充分に窺えることなのである。

昭和三十五年（一九六〇）十一月に、池田勇人首相は、「あなたたちの給料を二倍にしてみせます」と見得を切った。この巧みなキャッチフレーズはいわゆる高度経済成長の号砲の役割を果たすことになったのだが、池田は大蔵官僚（とくに主税畑を歩いたというのだが）として数字の世界で生きているうちに、数字はどのように扱えば生きるかを知るようになったという。これは池田の秘書であった伊藤昌哉《いとうまさや》がその著（『池田勇人――その生と死』）の中で書いている。次のような一節である。

「池田は数字の値を身につけると同時に、どの数字が眠っており、汗をかいており、走りまわっており、泣き叫んでいるのかを知るようになる。池田は数字の交響楽を知り、大蔵、通産という大臣職の過程で、その指揮者たる術《すべ》を学んでいった」

池田は日本人の心理を巧みについたのである。給料を二倍にしてみせる、というのは、日本社会の経済状況がよくなるとか貿易収支により国の豊かさが裏づけられるといった大状況の数字を一切ださずに、とにかく私のあとをまっすぐについてくるなら、あなたの給料は二倍になりますよ、と呼びかけたのである。

池田が高度経済成長の道をまっしぐらに進むと発表してからの十四年間、日本は国際社会でもアメリカに次ぐ第二位の経済大国道を走り続けた。それこそ政府と国民が一体となって、日本を富める国に仕立てあげた。この直線的な歩みの時代に、「経済」（あるいは「物量本位」）という旗を掲げた。この旗が国民生活から社会生活までを動かし、ただひたすら私たちはこの尺度によって直線的に歩を進めたのであった。

高度成長十四年間の始まりの昭和三十五年、三十六年は、日本社会にはまだ「戦後」がそのまま残っていた。戦争が終わってから十五年であったが、インフラはいうに及ばず、生活環境、人びとの心理状態まで「戦争の影」をひいていた。「六〇年安保」という国民運動が六月にひと区切りをつけた形になっていたが、池田の政策はその政治上の人びとの勇んだ心理を経済という実利にむかわせることで、国民の目を巧みに政治からそらすことに成功したのである。

高度経済成長の始まりのころ、日本社会は確かに新しい価値観を求めていた。「幸せ」の意味を問うてもいた。戦争を知らない世代が社会に登場するようになり、経済的な豊かさを実感したいとの感情も持っていた。池田首相はそういう国民感情に火を灯したのである。この十四年間の流れは大きくいうと、以下のようになった。

〈十四年間の高度経済成長は大別すると、昭和三十六年から三十九年の東京オリンピックまで、昭和四十年から四十五年の大阪万国博まで、そして四十六年からGNPがダウンする四十九年までに分かれるだろう。この間の経済政策は基本的には幾つかの揺れがあったにせよ、公定歩合の引き下げによって市中に資金を回し、企業はそれにより設備投資を行い、大量生産を行うことだった。マスプロ・マスセールといったシステムの中で企業は競争力と活力を強めた。

高度経済成長策はこのシステムをもとに、日本社会の特徴(終身雇用制、年功序列型賃金、中小企業の競争力など)を変えていくことになり、国民生活も物量豊富な時代に自らの幸福を重ね合わせることになった。経済政策は全体に投資型になり、国民生活やその意識もしだいに変化することとなり、それまでの日本社会の考え方を大きく変えていくことになった〉

私自身のことになるが、昭和三十五年当時は大学生、四十九年には出版社の社員を辞めて文筆業にと転じて二、三冊の書を著したという立ち場だったが、この十四年間は二十一歳から三十五歳までにあたり、社会の空気についてては肌身で知っている。たとえば給与は目に見えて高くなり、住まいも下宿からマンション、あるいは一戸建てにと変化している。経済生活が豊かになり、その豊かさは心理的な方面に還元されるより、むしろレジャーなどに費やされるという実感も味わっている。

ひたすら経済的に豊かになることが尊ばれ、そこには自省がなかったように思う。社会全体が浮ついているかのようであった。しかしこの十四年間の直線的な日本の進み方を分析していくと、すぐに次のような特徴に気づくのである。

(その一) 高度経済成長を進めたエコノミストは軍事に猛進した十四年間に雌伏《しふく》を強いられていた者が多かった。

池田首相を支えたエコノミストのひとり下村治《しもむらおさむ》(日本開発銀行理事、大蔵省出身)は、戦時下に軍部に牛耳られていた大蔵省で、ひたすら自分たちの職務について考え続けたスタッフであった。私はかつて下村の人物像について、「戦前、戦時下の日本経済は軍事の側のあまりにも粗雑な論理や認識にふり回され、それが日本の失敗だったと、下村は強い怒りを持っていたのではないかと思われるほどであった」(拙著『高度成長――昭和が燃えたもう一つの戦争』)と書いたことがある。この下村に限らず日本のエコノミストたちの経済分析、企業家たちの企業競争に賭ける情熱、それに労働者の勤勉と創造性は、戦前、戦時下にはまったく抑圧されていたと見ることができる。

海軍の短期現役制度(短現)は、大学で法学、商学、経済学を学んで企業や官庁に入っている優秀な人材を主計将校として集めたのだが、これらの人材は「戦争の原価計算」のスタッフでもあった。皮肉なことに海軍のこの制度が、高度経済成長を進める伏線になった。戦後社会で官界、産業界、政界などに散ったこの人材が高度成長の推進力になった。大蔵官僚の一人は、戦後の回想録で「短現出身者たちの団結で、高度成長の経済政策は成功した」と語っている。

このような事実は、軍事によって抑圧されていたエコノミストたちが「軍事」を「経済」に置き換えて成功したともいえた。歴史的意趣返しということもできた。官界が主導した護送船団方式という業界指導（もっとも弱い企業を支えるようにして業界の競争力を高め、国際社会での競争に勝つ）などは、戦時の作戦を巧みに利用した政策であった。こうした政策を行政指導という直線的に進める方針で実行し、日本企業を国際社会に位置づけたのである。

（その二）「経済」有位の社会で形而上的、精神的文化が著しく劣化した。

とにかく経済的論理だけで動く社会、それも「大きいことはいいことだ」といった素朴な巨大信仰がこの社会の中軸になった。経済的に豊かになるために誰もが一心に走る時代であったから、それについていけない者、そのような競争に参加しない者は社会的落後者になるという構図もできあがった。テレビなどで高度成長を支える広告コピーをつくっていた著名なコピーライターが、「もう心にもないことは書けない」という意味の遺書を残して自殺したケースなどはその典型例であろう。

こうした競争社会に背を向ける若い世代（ヒッピーなどがそうだった）や、社会に次々と生みだされる矛盾に苛立つ人たちの運動（これは学生運動から反公害運動まで多様な面があった）は広がりを持った。一九六〇年代半ばから七〇年代、八〇年代にかけて国際社会では、確かに体制変革を求める声が高まっていたのである。

このような社会で、宗教は現世御利益を訴える教団が力を持ち、宗教それ自体の受け止め方も変わっていった。さらに高度経済成長社会では、純文学への関心は薄まり、表現活動にも変化が起こってきた。いわゆるノンフィクションやノンフィクションノベルなど、現実社会の矛盾をえぐるような作品がふえていった。経済的に豊かになる社会とは、つまり精神文化そのものの変質を余儀なくされるということでもあった。ひたすら豊かになる路線を直線的に進むというのは、その精神がしだいに空虚なものへと変わることを意味していた。

（その二）　高度経済成長期の二つの出来事（東京オリンピックと大阪万国博）は、日本人のナショナリズムを刺激した。

高度成長期ははからずも二つのイベントによって、日本人のナショナリズムが問われることになった。敗戦によって封印されていたナショナリズムが改めて日本社会で口にされることになったが、その意味は「経済大国」という自負であった。東京オリンピックも大阪万国博もこの自負の裏づけになる儀式だったといっていいであろう。

しかし高度経済成長社会は、アメリカ一辺倒の政治や外交によって支えられていたので、そのナショナリズムはきわめて歪んだ形を採ることになった。アメリカに敗れた敗戦意識と戦後の同盟意識との間に、日本のナショナリズムのあり方は歪まざるを得なかったということになろう。昭和四十五年（一九七〇）の大阪万国博の時期に、作家の三島由紀夫が自らが主宰する

「楯の会」の会員とともに自衛隊に乗りこんで、その決起を訴え、自決するというのは、そうした昭和十年代の天皇制ナショナリズムの復権を企図したものであった。

あえて言うなら、直線的に豊かな経済社会を目ざすのは、そのようなナショナリズムと一線を引くというのが国民の実際の姿だったといっていいであろう。

こうして「経済」のみを一直線に進むときには、当然ながら「経済」に役だたぬものは捨てられていく。いわば効率のみの社会を妨害する人物、事象、事件はすべて排除される。例をあげておけば、高度経済成長には公害がつきまとう。しかし司法の場では、工場廃水や廃液、さらには汚染などをほとんど企業の責任として認めなかった。そういう抵抗はむしろ社会的に有害とされたのである。しかしこうした司法のごまかしが、十四年間の高度経済成長が終わったあとに、すべて矛盾として噴きだしてきたのである。

昭和史をふり返るとき、わずか十四年間を直線的に駆けぬけることで、この国は多くの目に見える形をつくった。しかしその分だけ失ったものも多かった。そのバランスシートを、私たちは「歴史」の目で問い直すことが必要になるだろう。それは「現在」を考えるときの条件でもある。

第四章　昭和史と三角形の重心

――天皇と統治権・統帥権――

大日本帝国憲法にあっては、天皇は国家統治権（第一条と第四条）、統帥《とうすい》権（第十一条）の総攬《そうらん》者《しゃ》の地位にある。天皇はこの統治権と統帥権を、たとえていえば正三角形の形で掌握している。

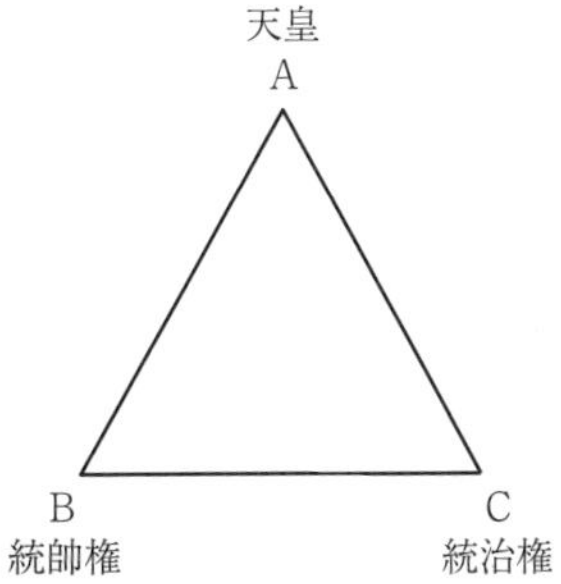

上のようにである。

頂点Aに天皇を位置づけ、Bに統帥権、Cに統治権を据えて正三角形をつくってみる。つまり統治権も統帥権も同じ比重で天皇のもとに収斂《しゅうれん》していることになる。天皇は名実ともにこの国の指導者ということになろうか。

統治権とは具体的に行政、立法、司法の三権を指し、政治的行為についての権限をいう。統帥権は、軍隊の編制、戦略、戦時の作戦行動など、軍事的行為の枠組みについての権限をいう。現実に政治を進める側の統治権を有する者と、統帥の権限を付与されている軍事指導者との間には常に対立が起こる。実際には政府(統治権)と大本営(統帥権)の指導者の考え方や力関係によってこのバランスが維持されたり、崩れたりする。

明治時代には日清、日露というふたつの戦争があり、加えて軍事大国を目ざしていたがゆえに、天皇と政府、大本営の要人の間には相互の信頼にもとづいた関係があった。鎖国を解いて国際社会にのりだした日本は、後発の帝国主義国として、つまりは軍事主導体制のもと、この正三角形で「富国強兵」を目標に掲げた。

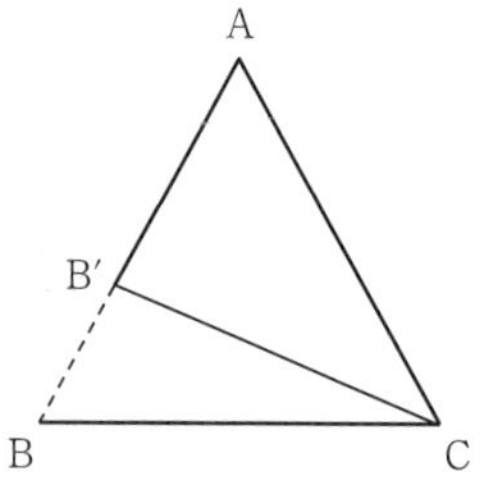

しかし、昭和史ではこの関係がしだいに崩れていったことがわかる。つまりBの統帥権がしだいにABの辺の上位にあがっていき、天皇により近づいていって、Cの統治権を抑圧するシステムをつくったということになった。

このことは、三角形の「重心」という形で見ていくとわかりやすいことに気づいてくるのだ。

重心とは、三角形の三本の中線(頂点と向かい合う辺の中点とを結んだ線分)の交わる点Gのこと。ものの物理的中心でもある。この重心は、これまで見てきた天皇と統帥権、統治権の三角形が時代によって変化した様を説明するのにも役に立つ。

もし先のように、BがAに近づきB′となり、正三角形が崩れたとき、重心は当然G′へと変化する。それなりにまとまりを持っていた政治体制が崩れてくるのだ。

Bの統帥権の側が、Cの統治権の上位に立ったのはいつからのことか、という問いはさほど難しくなく、いわゆる「統帥権干犯《かんぱん》」という語はいつから使われることになったかという疑問に通じている。天皇の持つこの大権を私議しようとしたのは誰なのか、そのことをふり返ってみる必要がある。次の図でいうなら、とにもかくにも統帥権の独立を促し、軍部をしてこの干犯を許さないと統帥権上位の仕組みをつくっていったのはどのような流れだったのか、そのことを確認してみようということになる。

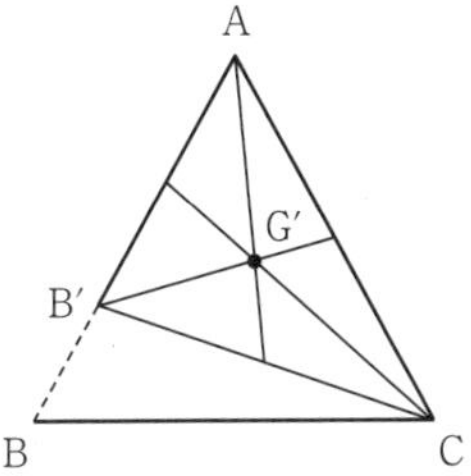

昭和五年(一九三〇)四月に浜口雄幸《はまぐちおさち》内閣は議会の承認を得て、ロンドン海軍軍縮条約の調印を行った。これに対して軍令部部長の加《か》藤寛《とうひろ》治《はる》を始め、軍令部内部の幕僚たちは一斉に反対の意思を示した。これは軍令部内の対米強硬派が国力の差も考えずに、ひたすら面子だけで補助艦総トン数の対米比が全体に十対七では低すぎると反対しただけともいえた。ところがこの問題に野党の政友会が口を挟むことによっ

て、しだいに本質とは異なった方向へと話が進んでいった。この条約の調印後に政友会は、浜口内閣が軍令部の承認を経ないで、国防計画にかかわる条約に調印したのは、天皇の持つ統帥権を犯すことになるのではないかと責めたてた。政友会は党利党略に用いて「これは浜口内閣による統帥権干犯ではないか」と執拗であった。結果的に、といっていいのだが、これは軍令部を始めとして参謀本部などに格好の口実を与えることになったのである。

この政府攻撃はつまりは失敗に終わるのだが、それでも軍令部、参謀本部などの統帥部に新しい武器を与えることになったのである。

統帥権干犯というのは、憲法上に明記してある表現ではなかった。強いていえば大日本帝国憲法の第十一条(「天皇は陸海軍を統帥す」)が統帥権の根拠になり、陸軍の参謀総長と軍令部の軍令部総長が天皇に直属する形で、その大権を担うと解釈されてきた。前述のようにロンドン海軍軍縮条約の折りに政友会が政争として用いたために、つまりは政治が軍事によけいなお節介をしたことになるのだが、これをきっかけに逆に軍の側から政治の側へ口を挟み、それこそ統治権に対してあれこれ口を入れる昭和の歴史が始まった。

歴史的には確かに統帥権は統治権の上位に立とうとしてきた。たとえば日露戦争が終わって二年後の明治四十年(一九〇七)、陸海軍は「帝国国防方針」をまったく政府に相談することなく、天皇に上奏している。さらに軍独自の「軍令に関する件」も政府に諮ることなく、天皇に上奏したうえで認めさせている。「統帥権の独立」を企図してか、とにかく軍の骨格を支える法案や勅令を独自に決めて、天皇に裁可を求めた。

したがってこうした事実は、「統帥権干犯」とは軍のいう「統帥権の独立」に異議を申し立てて、その権限に一定の制約を加えるかのように受け止められたのであった。「統帥権の独立」という語はいわば「軍の編制、指揮、作戦などの軍事上の権限に政府は口を挟むな」との意味から、「軍の行う政略、戦略には一切口だしをするな」という意味にと変わっていった。

結局、近代日本はこの語(「統帥権干犯」)によって崩壊したともいえる。

昭和史の中で昭和十年代は、軍事主導体制という形によって、大日本帝国が崩壊していくが、この内実をさらにこまかく見ていくと、軍事指導者たちが天皇の大権を自らの権限と一体化し、あらゆる軍事行動を「天皇(大元帥)」の命令のもとで行ったかのように偽装した歴史だということになるのではないか。そのような事実は近年あまりにも数多く明らかになっている。

こうした事実は、『昭和天皇実録』(二〇一四年九月に公開)が公刊されることでより多く指摘できる。たとえば、昭和十七年(一九四二)四月十八日のドウリットル隊による東京爆撃について、東部軍管区発表では日本上空で九機撃ち落としたことになっているが、実際にはまったくのゼロであり、天皇には偽りの報告がされていた節がある。実録はそれを明確にした。ただ断っておかなければならないが、実録の執筆者は企図していなかったが、結果的にそのようなことが読みとれるという記述になっている。

海軍にしても、昭和十七年六月のミッドウェー海戦で航空母艦四隻が撃沈されたにもかかわらず、実際には二隻としか伝えていないとの論があった。

こうした天皇への虚偽の報告がより明らかになったのは、海軍兵学校出身者を中心とした集まりである水交会《すいこうかい》がそれまで保存していた小柳資料（元海軍中将の小柳富次《こやなぎとみじ》が昭和三十一年から三十六年にかけて、当時存命していた四十七人の海軍の将官に話を聞きまとめた資料）の刊行によってである（二〇一〇年四月、『帝国海軍　提督達の遺稿——小柳資料』）。その中で重要な事実が明かされている。

昭和十九年（一九四四）七月に東條内閣にかわって小磯国昭《こいそくにあき》が組閣して戦争指導を続けることになる。このときに海軍大臣に米内光政《よないみつまさ》、そして海軍次官に井上成美《いのうえしげよし》が就任する。その際に起こったことを井上は正直に証言しているのだ。次のように、である。

〈（昭和十九年）八月私が次官に着任して間もなく、大臣から「陛下から燃料の現状を御下問になったので奉答のため資料を」とのお話があり、軍需局長にその目的を告げて資料を求めたところ「本当のことを書きますか」と尋ねるから「変なことをきくネ、陛下に嘘を申し上げられない。勿論ほんとのことさ、なぜそんなことをきくのか」と問うと「実は島田《ママ》大臣のときはいつもメーキングした資料を作っておりました」と答えた〉

井上はそう証言を残しているだけで、とくに論評は加えていない。嶋田《しまだ》繁太郎《しげたろう》海軍大臣は昭和十六年十月から十九年七月までの、実に三年近くにわたり海軍大臣を務めていた（その後半の六カ月は軍令部総長も兼務）わけだが、いつから資料の偽造を始めていたかは不明であるにしろ、天皇にはまったく「事実」は伝えられていなかったのである。

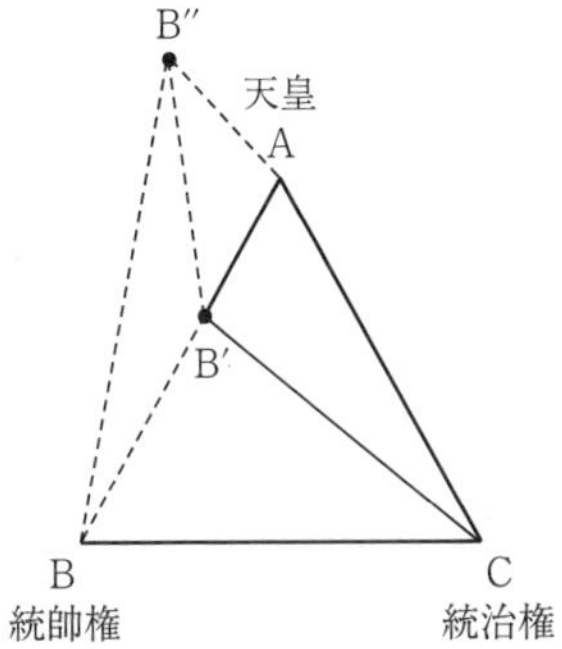

こう見てくれば、「統帥権の独立」というのは、まさに天皇からも「独立」しているのではないかと思われるほどだ。

軍事指導者たちは、究極には本来の三角形の形を上の図のように変えていたといってもいいだろう。天皇の上位に立ち、そして天皇をコントロールしようとしていたのではなかったかと。天皇の軍隊でありながら、BからB′へと統治権をだし抜いて天皇により近づいていきながら、しかし最終的には天皇よりも上位に立つという形をつくっていたのではないか。

太平洋戦争の開始時から、そしてやがて戦況が悪化していく中で大本営は、政治の側にまったく事実を伝えない。臨時軍事費の内容も伝えようとしない。大蔵官僚が、国家予算がひっぱくしている状態の中で、どのような方面にこの予算を使うのかと質しても、「そんなことに答えることはできない。質問自体、統帥権干犯にあたる」と答を拒否する。

こういうことでは政治や外交が円滑に機能するわけはない。とにかく軍事のための政治、軍事のための偽装外交、それに専念せよというのだから、国家としての体を成していないといっていいであろう。

確かに重要なテーマ、あるいは国策の根幹にふれる内容のときは御前会議が開かれ、ときに天皇の意思を受けて閣僚が出席することもあった。しかしそこに示されている光景は、まったく事情を知らされていない閣僚が統帥部の意向にただうなずくだけの儀式にすぎなかったのである。

実際に昭和十九年(一九四四)七月に小磯内閣が誕生したときに、陸軍内部では「現内閣を指導する心構えを要す」の文書が配布されていて、自分たちが国策を牛耳っていることをはっきりと自覚していたのである。三角形の形はまさに前ページの図のようになっていたといっていいであろう。

こうした軍事指導者たちの異様ともいうべき国家観はどうして生まれたのであろうか。私見をいえば大日本帝国憲法は、天皇を頂点（A）とし、統帥権（B）と統治権（C）の三つの点を結んだ正三角形から成りたっていたのに、その本来の姿から三辺のいずれかが崩れて二等辺三角形などへと変わっていったのは、軍人教育に問題があったともいえるし、近代日本の政治システムそのものに日本独自の形がなかったからともいうことができる。しかしあえていえば、近代日本には軍事学がなかったというのが結論になるだろう。そのことを説明することでなぜ正三角形がいびつになっていったかが明らかになると、私は考えている。

いずれの国にもそれぞれ独自の軍事学がある。過去に体験した戦争、地勢学、国民性、さらには近隣諸国との関係、武器の発達などの蓄積の上に軍事学がつくられていく。たとえばアメリカの軍事学の根底にあるのは、戦争そのものが産業化されていること、悲惨で果てしのない南北戦争を体験したがゆえに自国の領土では決して戦わないこと、自国に指一本でもふれた国とは徹底して戦うことなど、幾つかの特徴をすぐに指摘することができる。フランスの軍事学にしても、ナポレオンの戦争観を引いていて、地上戦ではどこまでも相手を追いつめていく、とにかく直線的に歩兵を中心に進んでいく戦術をとるのである。さらに現場叩きあげのプロフェッショナルな将校と兵士による軍隊という特徴を持っていた。

一方、近代日本はどのような軍事学を打ちたてようとしたか。

明治十六年(一八八三)に陸軍大学校を創立したときに、フランスの軍人を招いてヨーロッパの軍事学を学ぼうとした。しかし、ナポレオンタイプの軍事学は日本に合わないというので帰国してもらい、翌々年にプロイセンの、つまりドイツの軍人を招いた。それがメッケルだったのだが、メッケルはプロイセンの軍事学を日本に教えこんだ。

この軍事学を簡単に説明するなら、皇帝の軍事学であり、皇帝を支えるために参謀や将校はいかに優秀な軍人になるかが問われる。「死」がその最終目的であり、そのために恥ずかしくない人生を生き抜くことを目標にしていた。

したがって、市民社会を自覚する国民とは折り合いがつかず、政治的には反動的とされていた。

メッケルの教えたプロイセンの軍事学は、「天皇の軍隊」としての将校には似合いであったのだろう。これが日本の軍事学の要諦になった。加えてメッケルの教えた戦術、つまり死を恐れぬ肉弾攻撃をもとにした個々の戦術は、その後の日清戦争、日露戦争の勝利に結びついて日本軍で神秘化されることになる。プロイセン軍事学へのすさまじい傾斜といってもよかった。

昭和に入っての高級軍人(軍事指導者)は、陸軍大学校でプロイセン軍事学を丸暗記した者がいわゆる成績優秀者になり、軍事を牛耳ることになったのである。これらの軍人が模倣していた統帥は、ドイツ自体が第一次大戦によりその軍事学を皇帝のための軍事学から国防軍のためのものへと移行させていたのを参考にすることはなかった。つけ加えておけば、ヒットラーとドイツ陸軍は常に対立状態にあり、ドイツ国防軍の軍事学は時代とともに変遷している。

昭和陸軍の首脳部は、「統帥綱領」や「統帥参考」(昭和七年に作成)を最重要の教材として用いたのだが、統帥権については「参考」の第一章で説明していて、そこには次のようにある。

「帝国の軍隊は皇軍にして、その指揮統帥はことごとく統帥権の直接または間接の発動に基づき、天皇の御親裁により実行し、あるいはその御委任の範囲内において、各統帥機関の裁量により実行せしめらるるものとす」

日本の軍隊は、他国の軍隊と異なって「天皇の軍隊」であり、さらに他国とは異なって統帥権は天皇に握られていて、軍人はその委任の範囲においての裁量権を持つというのであった。「統帥参考」では、統治権の側からはどのような干渉も制約も受けるものではないと明記するに至っている。

そこには、「統帥権の行使およびその結果に関しては、議会において責任を負わず、議会は軍の統帥権ならびに之が結集に関し、質問を提起し、弁明を求め、又は之を批評し、論難するの権利を有せず」とあった。むろんこれは軍内の軍人たちの心構えを説いた文書であり、憲法そのものを守るべき統治権の側にはなんらの関係もない。しかしこのような認識で政治の舞台にでてくるのだから、統治権の側は抵抗できるわけはない。

ひとたび軍人が政治的実権を握ればどのようになるか、それはきわめて明確だったということになる。

太平洋戦争下の議会で、軍事指導者たちが議員から戦況について質問されただけで激高したというのも、このような軍内の文書によって密かに意思統一されていたと考えれば容易に理解することができる。このような理解を土台に据えると、昭和の陸軍は次のような特徴をもって自己崩壊の道を歩んでいったことになるといえるのではないか。

㈠ 日本に独自の軍事学はなかった。
㈡ 高級軍人は他国にない権力構造をつくった。
㈢ 政治と軍事にバランスのとれた軍人は要職に就けなかった。
㈣ いびつな軍事のみの知識を持ち、一般常識を持たなかった。
㈤ 天皇の軍隊でありながら天皇制権力を骨抜きにした。

こうした五つの枠組みの中で、エリート意識だけを身につけて、戦争とは自分たちの面子を賭けた国策であるとし、そのために「天皇の名において」国民の生命と財産を恣意的に用いて戦争を続けた。戦争とは彼らの存在を確かめるための愚劣な政治行為だったということになるだろう。

それがこの五項目の描く実像である。

天皇を頂点とする正三角形を想定すること自体、本来は無理だったのかもしれない。私たちは昭和史を学ぶときに、天皇を頂点とする正三角形を想定して、統帥権の干犯という語からその軍事主導体制を考えてきた。そして私なりに天皇を頂点とする正三角形の歪みを幾つか想定してきたのだが、「統帥参考」などを改めて吟味していくと、次のように理解すべきと考えるようになった。

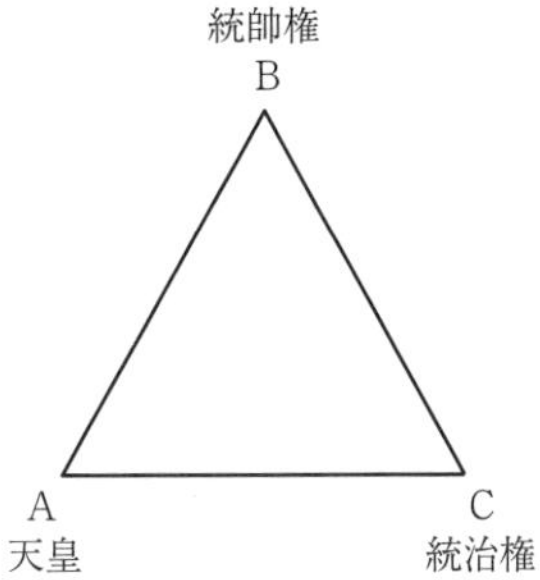

天皇と統帥権は入れ替わっていたというのが真実であり、私たちはそのことに気づいていなかったのである。ポツダム宣言を受諾して日本を敗戦という形でとにかく終戦に持ちこんだのは、A(天皇)とC(鈴木貫太郎首相)が合作して、B(軍部)に敗戦を受けいれさせたというのが真実だったと考えてみるべきかもしれない。

第五章　昭和史と三段跳び
――テロリズムと暴力――

昭和史には血なまぐさい事件が幾つかある。テロ、クーデターの類だが、むろんこれらの事件には大体軍人がからんでいる。これは日本だけのことではないが、軍人がひとたび政治的な動きを始めると必ずといっていいほど、暴力と結びつく。言論による改革など生ぬるい、暴力で一気に解決しろというわけだ。

テロやクーデターはその典型的なケースである。昭和七年(一九三二)二月、三月の血盟団《けつめいだん》事件、五月の五・一五事件、そして昭和十一年の二・二六事件となるわけだが、これは歴史の表面に浮上してきた事件で、未遂、あるいは計画段階で沙汰やめになったものは、昭和六年の三月事件、十月事件、昭和八年の神兵隊《しんぺいたい》事件など幾つかある。こうした事件は国民にはあきらかにされなかったが、政党の指導者たちはいつか自分がそのターゲットになるのではないかと不安になり、きわめて臆病な行動をとるようになる。

暴力は実際に行使されるのも恐怖だが、行使されるのではないかとの不安のほうがはるかに恐ろしいと指導者たちは洩らしている(昭和初年代をふり返った政治家たちの回想録はこのことを遠回しに認めている)。

テロやクーデターによって、昭和史がファシズムや軍事独裁に傾いていったのは事実で、改めてそのことを確認しようというのがこの章の狙いである。こういう暴力的な政治行動にはどのような図形があてはまるだろうか。五・一五事件を例にとるとわかりやすいのだが、「三段跳び」という図形を描いてみたらどうだろう。ホップ・ステップ・ジャンプの三段跳びなのだが、図にすると上のようになる。

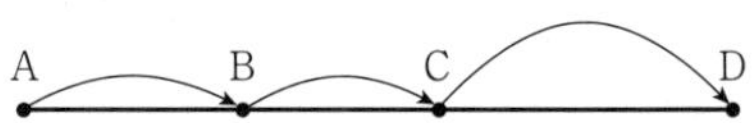

ABがホップ、BCがステップ、CDがジャンプである。私自身はあまり運動にくわしいわけではないのだが、体育関係の書によるなら、最終的に跳躍する距離を決定するのは、ホップ、ステップの勢いがどれほどジャンプに反映しているか、あるいは最終段階のジャンプにどれだけ跳躍力をつけるか、といった点にあるという。
テロやクーデターをこうした図形であらわすとなぜわかりやすいのか。
テロやクーデターは、自己完結型の政治活動ではない。決行者が自決をしたり、あるいは決行グループが現実に政治権力を握るというのであれば、自己完結型と評していいであろう。しかし昭和前期のテロやクーデターを見ていくと、決行者たちは起爆剤、あるいは導火線となって自分たちの望む政治勢力や軍事指導者の政権を企図している。その檄文《げきぶん》や蹶起《けっき》趣意書を読むと、ある思いこみがどのテロやクーデター行動にも通じている。当人たちは大体が「捨て石」になるというのである。

五・一五事件の決行者たちが撒いた「檄文」には、すさまじい怨念の語が並んでいて、現在の日本の指導者たち（その一団を「君側《くんそく》の奸《かん》」というわけだが）を打倒せよと訴えている。その中には、「国民諸君よ！　天皇の御名に於て君側の奸を屠《ほふ》れ！　国民の敵たる既成政党と財閥を殺せ！」「農民よ、労働者よ、全国民よ、祖国日本を守れ！」「吾等《われら》は日本の現状を哭《こく》して、赤手《せきしゅ》、世に魁《さきが》けて諸君と共に昭和維新の炬火《きょか》を点ぜんとする」といった激しい字句が用いられている。決行者たちの怒りや思念は充分に窺えるのだが、しかしこの国をどのような方向に持っていくのか、その具体的なプログラムはまったく書かれていない。自分たちは「祖国日本」を守るための親軍政権を樹立する捨て石になるというわけである。

この五・一五事件の概略は、昭和前期の議会政治に対して怒った海軍の青年士官の一団と、それに同調した陸軍士官学校の候補生たち、そして国家革新運動によって農業恐慌をのりきろうと考えた農本主義団体の愛郷塾《あいきょうじゅく》（茨城県水戸市、塾頭・橘孝三郎《たちばなこうざぶろう》）が加わって、昭和七年五月十五日の夕刻に決起した事件である。海軍の士官と陸軍士官学校候補生の一団が首相官邸を襲い、「話せばわかる」とたしなめた犬養毅《いぬかいつよし》首相を暗殺した。そのほか元内大臣の牧野伸顕《まきののぶあき》なども襲ったが、牧野は難を逃れている。

愛郷塾の塾生たちはこういう行動とは別に発電所を襲い、東京市内を真っ暗闇にするとの計画を実行に移している。この行動は、橘の説明によれば、帝都住民は近代文明の恩恵に浴しているが、その文明の一端を止めることで、過酷な状況に置かれている農村の実情に思いを馳せてほしい、というのが狙いだったと証言している。しかし塾生のいずれも発電所の知識はなかったために、帝都を暗黒にするというのは不可能であった。

こうした五・一五事件の全体図を見るとわかるが、これらの行動はどのような理由が挙げられていたにせよ、首相を暗殺しただけの、いわゆるテロ事件である。この年二月に僧侶井上日召《いのうえにっしょう》の率いる血盟団の団員によって前大蔵大臣の井上準之助《いのうえじゅんのすけ》が、三月には三井財閥番頭の団琢磨《だんたくま》が「一人一殺」の合い言葉のもとに殺害されたのと同様、五・一五事件は陸海軍の軍人や士官候補生たちの集団で行ったテロだったのである。

にもかかわらず、この事件が昭和史を変えるきっかけになったのはなにゆえか、そのことを考えていかなければならない。ホップで現実にテロ行動を行ったのが「軍人と農民」、そしてステップしたのは「政治家と軍事指導者たち」、ジャンプには昭和八年（一九三三）の軍人を裁く法廷に届けられた百万通に及ぶ減刑嘆願書に見られる「国民」の姿がある。単なるテロ事件が歴史を変えるに至るのは、まさに当時の日本社会が歪んでいたがゆえのことだった。

ステップではどんなことが起こったのか。大正期のあるときからこのころまで日本は政党政治が続いていた。政友会は犬養首相にかわって高橋是清《たかはしこれきよ》を臨時総裁に就け、政党政治を守りぬく決意を固めた。ただ党内には高橋ではなく鈴木喜三郎《すずききさぶろう》や床次竹二郎《とこなみたけじろう》を推す動きもあった。

これに対して軍部は、このテロを機に政党政治を崩壊せしめようと動き始める。荒木貞夫《あらきさだお》陸相や大角岑生《おおすみみねお》海相などは事件後、それぞれ責任を感じる旨の声明をだすが、その一方で荒木は、「若者の気持もわかる」といった発言も行っている。さらに陸軍内部には、政党内閣に反対、陸軍大臣は元老西園寺《さいおんじ》公望《きんもち》に会って説得せよ、との強硬論も擡頭《たいとう》している。

このころの首班指名は西園寺の奏請にもとづいて、天皇が大命降下《たいめいこうか》することになっていたのだが、その西園寺のもとには陸軍の指導部が訪れて「今は非常時、政党内閣に反対」と圧力をかけている。

犬養内閣の内相鈴木喜三郎と陸相の荒木が、後継首班について調整を行ったが、その内容を当時の東京朝日新聞が報道している(昭和七年五月十九日付)。そこに次の一節がある。

荒木陸相　自分としては憲法政治のある限り政党の存在は当然でありその政党が内閣を組織するのは不可とは考へぬが今日迄の政党政治の跡を見るに政策も万人に均霑《きんてん》(注・広くいきわたること)されて居ぬ、軍部でとやかくいふのは越権であるかも知れぬが若い者は軍部の使命と政治を区別して居ぬ様だから、彼等を納得させるため今日の如き政界の空気を一新して非常時には挙国一致の連立内閣を作り万民の認めるよしと思はれる政策を掲げて天下に呼びかけては如何

鈴木内相　異る政党の協力又は連立は持論として絶対に反対で、(略)唯々今日は非常時であるから(略)(注・反対党との連立でなく広く)人材を抱擁して行くにやぶさかでない

この二人の話には幾つかの興味ある事実が示されている。

たとえば荒木は、軍部の「若い者」という言い方で、青年将校を納得させろと言い、鈴木はそのような言い分を一部認めてこのテロによってつくりだされる時代を「非常時」と評しているのである。この東京朝日新聞の記事は、軍部もつまりは鈴木総理でまとまるだろう、二人の間にはそういう諒解も成立したと明かしている。ところがこの報道がなされると、すぐに陸軍内部の中堅将校や青年将校が「政党政治反対」を叫び、陸軍の上層部にこの声を伝えてくる。

中堅将校の間には、荒木が政党に妥協したとして、「ダラ幹《かん》」と謗《そし》る者まであらわれた。陸軍首脳はこうした論を受けて、参謀次長の真崎甚三郎《まさきじんざぶろう》、教育総監部の武藤信義《むとうのぶよし》、陸軍次官の小磯国昭《こいそくにあき》らが会議を開き、国家非常時の折りに中堅将校の意見にももっともなところがあるから、元老に働きかけるという論が確認されている。

これが事件から四日後の五月十九日であった。

一方で民政党内部には、野党としての立場から反政友会内閣を望み、そのためにたとえば山本権兵衛《やまもとごんのひょうえ》や斎藤實《さいとうまこと》ら海軍の長老に出場を願って、実質的に民政党色の内閣を企図していたのである。しかしこの政党もまた政友会と同様に、その内部に陸軍内部の「反政党」という動きに呼応する者が潜在していた。

ホップという段階でのテロ行為を経て、ステップという跳躍でこのテロを利用しての権力闘争が始まっていたのである。本来は、まずは首相を暗殺した陸海軍の自制、自粛、さらにはその組織の建て直しが図られるべきなのに、テロでつくられた状況を利用して自らの権力の拡大を企図していた。この歪みこそ、昭和史の錯誤となったのである。

ただこの段階にあって、元老の西園寺のもとに天皇の意思が密かに侍従長から伝えられていた。そこには「現在ノ政治ノ弊ヲ改善シ陸海軍ノ軍紀ヲ振粛スルニハ最モ首相ノ人格ニ依頼ス協力内閣ト単独内閣ナドハ問フ処ニアラズ　ファッショニ近キ者ハ絶対ニ不可ナリ　憲法ハ擁護セザルベカラズ然ラザレバ明治天皇ニ相済マズ」とあった。天皇のこの考えは西園寺とまったく同じだったのである。西園寺はこのときは憲政の常道からいって、内心では鈴木喜三郎を後継首相に決めていたといわれている。

ところが静岡県興津《おきつ》に住む西園寺のもとには、政党政治反対、挙国一致内閣を唱える民間右翼の一派が軍人の意図を受けて押しかける状態が続いた。西園寺が興津から東京にむかう列車の中に秦真次《はたしんじ》憲兵隊司令官がのりこんできて、「国家非常時ですぞ」と軍刀で床を叩き、政友会内閣に反対を伝えている。

西園寺は東京では政党政治の単独内閣に反対の声が高まっていることに驚き、天皇側近、総理大臣経験者、陸海軍の長老に相次いで会うのだが、結論として政党政治を一時停止するのはやむを得ないと考え、このころは七十歳を過ぎて静かに余生を送っていた斎藤實にひとまず政権を託すことになったのである。

私が、このころの動きを調べていて驚いたのは、陸軍の元帥である上原勇作《うえはらゆうさく》が西園寺に訴えたその内容である。上原は次のような泣き言を言ったというのだ。『西園寺公と政局』などに記述されている内容である。

「結局若い者達(注・青年将校のこと)は自分達のような上官を非常に馬鹿にしている。予算を請求してもそれが通らん。そのために武器に非常な不便を感じたりなどしているので、上原の奴は意気地がないじゃないか、と言って自分達を笑います……」

ともかくも五月二十六日に、斎藤内閣は誕生することになった。事件から十一日目のことだったが、この間に演じられた政治ドラマはそれ自体がテロ行為を補完するようなものだった。五・一五事件のこれが第二幕といってよかったのである。

そして第三幕のジャンプの段階である。海軍の軍人、陸軍の士官候補生、それに愛郷塾の塾生たち、それぞれが一般の法廷で裁かれたのだが、この法廷風景がとんでもない方向に進んでいった。昭和八年から始まったこの法廷を、私は昭和の「文化大革命」ではないかと論じたことがある。

司法制度そのものの否定、テロを肯定する倫理感の歪み、そして動機が至純ならば何をやってもかまわないというモラル。とにかく近代国家の道を一気に踏み外していったというのがこの法廷風景であった。

もともとこの法廷のあり方そのものにも、軍部と司法省の間に対立があった。軍部、つまり陸海軍側は反乱罪を適用すべきで、殺人並びに殺人未遂とはすべきでないと主張している。司法省は「反乱罪ではない。国権を冒さんとするものではない」と対立している。このようなやりとりの中に、すでに事件に対する受け止め方の違いがあった。両者の話し合いで、軍人は反乱罪、民間側は殺人または爆発物取締罰則違反での起訴となった。

この法廷では軍人たちには思う存分、発言の機会が与えられた。かつて私は、『五・一五事件――橘孝三郎と愛郷塾の軌跡』という書を著したが、そこで次のように書いた。長くなるが引用しておきたい。

「判士が訊問中にいたわりのことばをかけるなど、被告をかばう様子がありありと見え、ときに判士もまた涙をふくという有様である。第一日目の公判で西村判士長にいたっては控室にもどるや、被告たちの陳述に感激して巨体を震わせて泣いていたという。角岡弁護人が当時の雑誌(『文藝春秋』昭和八年十月号)に書いているところによれば、司法記者も、『こんな感激に満ちた公判に立ち会ったことはない』と異口同音に言っていたという。これでは新聞記事が被告に甘くなっていったのは当然のことだろう」

陸軍士官候補生のひとり吉原政巳《よしはらまさみ》は砲兵科の首席で、二カ月後には恩賜の銀時計をもらえるはずであった。しかし西郷隆盛の「名もいらぬ金もいらぬ名誉もいらぬ人間ほど始末に困るものはない」という遺訓に打たれて、この行動に出たと陳述している。自らの郷里福島県の農村の疲弊を語るときには涙を流し、傍聴人も泣いたのだという。

こういう光景が公判のたびにくり広げられ、それが新聞で報じられた。雑誌のルポルタージュ記事の中には海軍士官の決行者を「義士」と賛え、その実家を訪問してどうしてこのような士を育てることができたのかと賞賛の記事を掲載するところもあった。在郷軍人会が中心になって国民に呼びかけたためもあるが、減刑嘆願書が法廷に殺到してそれが裁判に影響を与えることにもなった。こうした一連の法廷風景に関する史料を集めていて、庶民の感覚が正常な状態からまったくずれている、つまりファシズム体制に走っていくときにはこういうずれが起こりうるのだと実感するエピソードもあった。

陸軍士官候補生の判決言いわたしの日の法廷で、ひとりの老婦人が傍聴席で起《た》ちあがり、「裁判長さま、どうぞこの若い青年たちに温かい判決を……」と訴えたというのである。新潟県の農民は、小指を切り落としてそれをホルマリンづけにして法廷に持ちこんだ。こうした情緒的な一面がこの社会の歪みであることを考えておかなければならない。仮にもこれらの被告は、首相官邸になだれこんで首相を暗殺したのだという事実がある。それを平然と無視するところにこの時代の不幸があった。

五・一五事件は三段跳びである——と私が言うのは、単なるテロがこのように社会の情感と結びつき、そして時代の倫理感(前述のように動機が正しければ何をやってもかまわないとの認識)の中軸に座っていくのは、まさに「テロを待望する心理」があったということだろう。その不健全さは、むろん言論の優位性や有効性を信じられないといった方向に加速していったと断言していい。

五・一五事件のようなテロとそれを容認していく社会風土を三段跳びにたとえると、つまりはこの社会自体がファウルを犯していたことになるだろう。首相を殺《あや》めるというファウルの行為が堂々と社会的な影響力を持っていったことに、次代の私たちは改めて自戒しておく必要がある。

図形化とは別に、こうした現象は「虚数」の世界に入っていくともたとえられる。数学書によるなら、たとえば2乗すると−1になる実数はないという。そこで次のような考えが生まれるというのだ。

$$i^2 = -1$$

このiという数を虚数単位というそうである。この場合のiはimaginary(想像してみるに)からきている。「虚(うそ、いつわり)数というより、想像数といった方がよかったかもしれません」(『家庭の算数・数学百科』)ともいえる。このiというのが「三段跳び」から始まる歴史ということになろうか。

「iの世界」、つまり虚数の世界に入るということはファシズム、あるいは軍事主導体制の特徴なのかもしれない。なぜならそれは実数の世界で確認できるのとは異なる徳目《とくもく》の支配する空間だということがいえるからだ。昭和史を俯瞰しながら、五・一五事件からはこの国は「iの世界」に入り、昭和二十年八月までその空間に身を置いていたといえるのかもしれない。

五・一五事件の三段跳びによって、私たちの国は「iの世界」(2乗して−1になるという数字iの世界)に入ったとして、その四年後の二・二六事件についてはどのように考えるべきなのか。

昭和十一年(一九三六)二月二十六日に起こった「二・二六事件」は、三段跳びというより走り幅跳びと考えたほうがわかりやすい。五・一五事件の折りに、陸海軍(とくに陸軍)は大きな教訓を得た。テロやクーデターを起こす連中の情念を政治的に組み立ててゆくことは可能であり、それこそが軍官僚の役目であるという自覚であった。二・二六事件はまさにその結果だったのである。

二・二六事件は二十人ほどの青年将校が、千五百人の兵を率いて決起し、四日間にわたって東京の権力空間の中心を制圧した事件である。高橋是清、渡辺錠太郎《わたなべじょうたろう》ら政治、軍事指導者を暗殺し、親軍派政権の樹立を訴えた。陸軍の指導者はこの決起に、もしこれが成功したらと疑心暗鬼になり制圧をためらうなど微妙な動きを示した。これに対して天皇は一貫して反対し、断固討伐を訴え続けた。結局、天皇の意思どおりに弾圧されることになった。

青年将校らのクーデター未遂事件といえるが、しかし彼らの意図する親軍的政権を樹立することはできなかったものの、事件後の陸軍指導部の動きはまさに陸軍のクーデターそのものといってよかった。事件後に陸軍の権力を握ったグループを、私は新統制派と見るのだが、それには陸相となった寺内寿一《てらうちひさいち》、陸軍次官となった梅津美治郎《うめづよしじろう》、それに関東軍参謀長から航空長官に転じてくる東條英機《とうじょうひでき》らがその中心となった。

彼らはまず事件後に誕生した広田弘毅《ひろたこうき》内閣で、陸相に就任した寺内が中心になり、多くの要求を広田に突きつけている。軍事予算をふやせ、閣僚には自由主義的人物を据えるな、軍事の側の要求を聞いてほしいなどといった内容の中には、「陸海軍大臣の現役武官制」といった制度改革もあった。

二・二六事件のような不祥事を起こさないためには、陸海軍大臣は現役の武官であることが望ましい、もしこれまでのように予備役でもかまわないとなったら、軍内の統一はとれないと都合のいい弁を並べたて、つまりは広田内閣の閣議で認めさせたのである。

かつて大正デモクラシーの時代に、山本権兵衛内閣の折り現役武官制であったのを、予備役でもかまわないと変えた。それを、陸軍の首脳部は、二・二六事件を利用して巧みに旧に戻したのだ。

現役武官制なら陸海軍の折り折りの意向を代弁することになる。加えて陸海軍が大臣を推挙しなければ内閣を組閣することができないので、実質的には陸海軍が内閣を自在にコントロールできるようになるのである。

二・二六事件はこうして寺内や梅津、それに東條らに利用されていく。

このことに気づいたのは決起将校のひとり磯部《いそべ》浅一《あさいち》であった。決起した青年将校のほとんどはこの年の七月五日に軍法会議で死刑の判決を受けて、一週間後の十二日に銃殺された。五・一五事件と違ってこの裁判は秘密裁判であり、弁護人もつかず一般に報道されることはなかった。寺内陸相らは五・一五事件時のような法廷になることを恐れたのである。判決がでるやすぐに処刑したのも事件の波及を恐れてのことだった。磯部は北一輝《きたいっき》ら民間人を処刑するための裁判に証人として出廷するために、仲間との同時の処刑は免れた。結局、一年後には処刑されるのだが、その間獄中で手記や遺書を書き残している。

そこには天皇への呪咀と、軍事指導者らが事件を利用していることへの怒りが書き列ねてあった。自分はもう一度獄から出たらこういう指導者を殺害しなければならないとも書いていた。

こういう状況を理解したうえで、あえて図を描くと上のようになる。A地点からB地点へ跳ぶのに実は空中(C地点)で主客が交代しているといった図を描くことができる。このような図をどのように称するのかはわからないが、跳ぶべき主体が空中で入れかわっているために、Aで見える姿とBで見える姿は異なっている。二・二六事件の実相はこの点にあると、私たちは理解しなければならないのではないか。

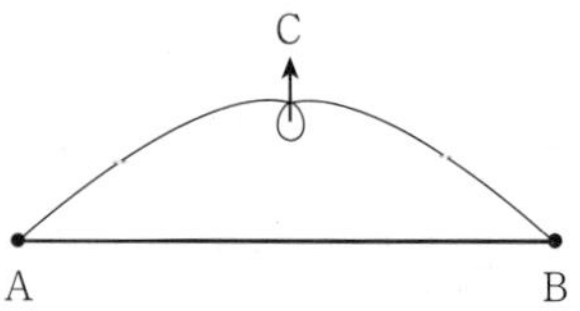

五・一五事件も二・二六事件も可視化できる部分と可視化できない部分がある。その見えざる部分(可視化できない部分)は史実としてさほどくわしく検証されていなかったのだが、この見えざる部分も含めて五・一五事件や二・二六事件として評すべきではないだろうか。もとよりそれはアカデミズムでいう歴史学の史実にはなりえないのだが、私たちの日常感覚では歴史は重層的であり、ある意味それは虚数の部分も含んでいると見ていくことが必要になる。

史実の中にひそんでいる「事実」と「真実」を正確に見抜き、なんらかの形をつくる努力を試みる。こうして可視化することで、見えざる局面を浮かびあがらせていくべきであろう。

第六章　昭和史と「球」、その内部
——制御なき軍事独裁国家——

昭和という時代を詳細に見ていくと、意外なほど社会に波乱が少ない。確かに戦争にむかって走ったり、ひとたび戦争に突入するやひたすら戦争というプロジェクトをこなしたり、個々の目標を達成すべく生真面目に突き進む。まるで予定調和の中に生きているようなふるまいである。波乱が少ないというのは、そのような予定調和をこわす動きが見当たらないという意味である。

この生真面目さは何をあらわしているのだろうか。

昭和の軍事主導体制は官僚のプログラムによって進んだのであり、官僚に操られる形で国民の情熱や心理が予定どおり動いたということになるだろう。ファシズム体制というのはこの束ねられた秩序ということにもなるのだが、これを図形化して考えると私はいつも「球」を思い浮かべる。「球」とはいわば日本型の家族国家、あるいは閉鎖国家ということになるのだが、この国家は実は官僚や軍人には実に動かしやすい国家ということにもなる。ひとたび坂の上に載せるなら、「球」は何もせずとも転がっていく。しかも転がっていくうちに加速してまっさかさまに落ちていくのである。

とくに昭和十年代の日本国家は「球」そのものであり、その自己運動の中に、当時の国民の心理状態が凝縮している。奇妙なことになるが、昭和十年代の日本社会が「球」である所以、そしてその「球」の容積が一定量に達すると自動的に動きだす例は、太平洋戦争の開戦当時の状況から充分に窺えてくる。昭和十六年(一九四一)十二月八日の開戦は、容積量が一定量に達してそして坂を転がるという自己運動のスタートでもあった。

私が考える「球」の意味や定義、さらには「球」の容積が一定量に達すると自己運動を始めるとの表現が数学上の考え方にかなっているのか否かはわからない。しかし開戦に至る経緯と開戦直後の日本社会は、まさに軍官僚たちのつくりあげた路線をひたすら転がっていったとの表現がふさわしく、その勢いの中に私たちの国が持つ国家的な性格があらわれているのではないかと、いささか複雑な思いがしてくる。

数学書を繙《ひもと》くことになるが、本書でしばしば引用している一般解説書(『家庭の算数・数学百科』)によると、「球」の定義は二つ書かれている。それを以下に引用する。

(1) 半円の弧を、その直径を軸として一回転してできる曲面を球面といい、球面によって囲まれた立体を球といいます。どちらを意味するかわかっているときは、球面のことも球ということがあります。

(2) 空間にある一点(中心)からの距離が一定な点の集合が球面で、その一定の距離が半径です。

なるほどこれらの定義をよく読んでいくと、球面の意味がわかってくる。ある一点Aから同じ距離の点を無数に集合させると確かに球面となる。こちら側から見える部分(つまり可視の部分ということになるが)は、半球といってもいい。向こう側(つまり不可視の部分)にも半球

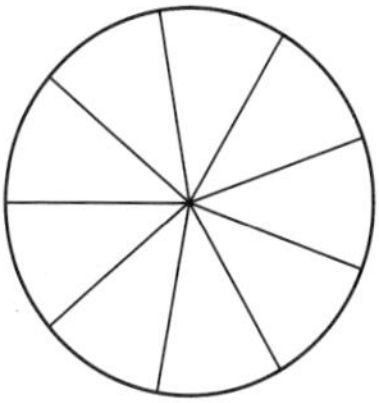

はあるということになる。

この「球」を、次のページの台形のABの部分に載せてみよう。球はそれ自体がバランスをとる性質を有するのだが、歴史になぞらえてみると、その容積がある一定量を超えて膨張すると、自己運動を始めてしまう。一定量とはどのようなものか。用語としては攘夷のナショナリズム思想だけで満たされてしまう状態と言ってよいと思うが、その量がどの程度までく

ると球は自己運動を始めるのか、その仕組みを調べなければならない。

前掲書によるなら、「球」には幾つかの特徴があるという。それを整理すると以下のようになるそうだ。

(1) 球の直径の長さは皆同じである。

(2) 球は中心について点対称、中心を通るどんな平面に対しても面対称である。

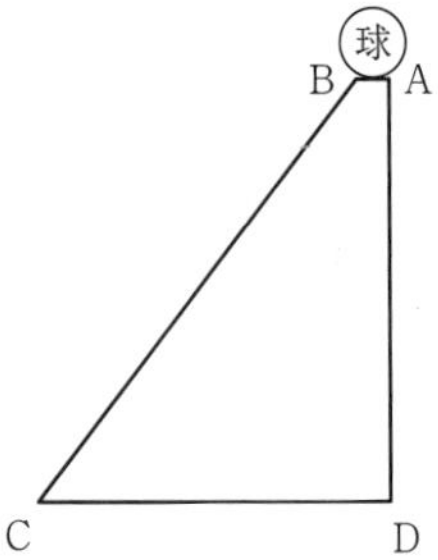

(3) 表面積が一定な立体のうち体積が最大なのは「球」である。

(4) 体積が一定な立体のうち表面積が最小なのは「球」である。

つまり球は、体積が同じであるあらゆる立体の中で、表面積が最小なのだという。この特徴を昭和十年代における国際社会の中の「大日本帝国」という軍事主導国家にあてはめるなら、面積が同程度の国家の中では国力はきわめて大きく、国力が肩を並べるかより大きい国家と比べると面積は小さいということになる。これが満州事変時に叫ばれた「生存権の拡大」の声の大きさにつながった。

これだけのことを踏まえたうえで、大日本帝国という「球」が斜面を転げ落ちていく状態について、私の考えを紹介してみたい。

昭和十六年（一九四一）十二月八日の開戦の日、この日ははからずも「球」の容積が一定量に達して「球」自体が自己運動を始めた日といえるわけだが、どれほどこの日に国民のボルテージがあがったのか。また同時にそのボルテージのあがる中で静かにこの国の来し方行く末を見つめていた人はどれほどいたのだろうか。

昭和十六年十二月八日は月曜日であった。日曜日から月曜日の朝にかけて、多くの日本人にとってその日はいつもとまったく同じであったわけだが、当時の日本の人口約七千万人のうち、この日が歴史的な日になると自覚していたのはわずか二十人から三十人程度といっていいであろう。最終的に国策を決定したのは御前会議であったにせよ、「昭和十六年十二月八日未明（日本時間）」に実質的に真珠湾攻撃を決めたのは、大本営政府連絡会議であり、この出席者たちは開戦の責任を負う存在であった。

彼らを中心に、その周辺にいるわずかな側近たちが開戦を知っていたにすぎない。

連絡会議の出席者は、政府側が東條英機《とうじょうひでき》首相兼陸相、嶋田繁太郎《しまだしげたろう》海相、東郷茂徳《とうごうしげのり》外相（外務官僚出身）、賀屋興宣《かやおきのり》蔵相（大蔵省出身）、鈴木貞一《ていいち》企画院総裁の五人、大本営側は陸軍が参謀総長の杉山元《はじめ》、次長の塚田攻《おさむ》、海軍は軍令部総長の永野修身《おさみ》、次長の伊藤整一の四人であった。

つまりこの九人で決めたのである。なんのことはない七人の軍官僚が日本の運命を双肩に担ったのである。彼らは秘密を守ることに汲々としていて、開戦の日や場所などを誰にも明かしていなかった。

この九人のほかに知っていたのは、ひたすら真珠湾にむかって進む連合艦隊の隷下にある機動部隊の参謀などである。司令官の南雲忠一《なぐもちゅういち》は、大本営からの「奇襲成功を確信する」の電文に興奮気味でこの日の朝を迎えていた。

午前六時前に陸軍省記者クラブに記者たちが集まってきた。午前五時に各社に呼びだしがかかったのである。記者たちは日米交渉が暗礁に乗りあげているのは知っていたが、しかしこの日に戦闘状態に入るというのはまったく知らない。午前六時に、陸軍省報道部長大平秀雄《おおひらひでお》と海軍省報道部員田代格《たしろいたる》が「発表を行います」と言って、日本が対米英戦にふみきったことを告げた。すると記者の間に歓声があがった、と当時の新聞は伝えている。実際にある新聞は、この発表時の興奮を後日、次のように書いているのだ。

「あゝこの一瞬、戦わんかな時至る。永久に忘れ得ぬこの名句、その長さは僅か三十字の短文であるが、正に敵性国家群の心臓部にドカンと叩きつけた切札である」

陸軍省記者クラブにおいて行われた発表は、「大本営陸海軍部十二月八日午前六時発表」とあり、「帝国陸海軍は今八日未明西太平洋において米英軍と戦闘状態に入れり」とその内容を伝えた。新聞記者が「三十字の短文であるが、正に敵性国家群の心臓部にドカンと叩きつけた切札」といったのはこの内容であった（三十字ではなく三十一字であったが）。この発表は午前七時の日本放送協会によるラジオの臨時ニュースによって流された。

国民は日本がアメリカ、イギリスと外交上の懸案事項を抱えて交渉を続けているとの報道には接している。しかし戦闘状態に入るほどの緊張状態にあったとまでは知らされていなかった。それだけに「戦闘状態に入れり」には驚きを持ったのである。

中国との戦争は五年目を迎えているのに、いっこうに好転の徴候はない。日本が中国に勝てないのは、中国を支えるアメリカ、イギリスが背景にいるからだ、そのアメリカ、イギリスを相手にするのはやむを得ない、しかもアメリカ（Ａ）、イギリス（Ｂ）、中国（Ｃ）、オランダ（Ｄ）によるＡＢＣＤ包囲網が、日本の存亡を危うくしている、日本は自衛のために戦わなければならないというのが政府の認識だったのである。この認識が十二月八日の第一報を聴いた国民にも広がり、聖戦意識は強くなっていった。

この十二月八日の「真珠湾を叩いての日本の対米英蘭戦争」開始が、国民の間で歓喜をもって迎えられたのは、このような共通の認識が生まれたからである。

報道に接した国民の声は当時の日本の各種史料にも引用されているし、戦争によって国民の戦意はますます高まっていった。ある実業家は「産業人よ一切を放下《ほうげ》せよ」と書き、次のような一文を書いている。

「われわれはこの日、この時をいかに待つたことか。日本人としてあのラジオ放送を聴いて泣かぬものはなかつたらう。あの瞬間、わたくしは、これで日本は救はれたと直感した」(拙著『あの戦争から何を学ぶのか』より)

こういう手記は実は数多く書かれている。私はかつて取材スタッフと共にこの種の手記を集めたのだが、意外なほどこのような内容(とくに「これで日本は救はれた」といった類の表現)が多いのに驚いた。とにかくいきなり「日米開戦」を知らされて、人びとの大半はその興奮をピークにまで高めたことが改めてわかった。この種の代表としてしばしばとりあげられるのは、作家の太宰治《だざいおさむ》の短篇「十二月八日」(初出『婦人公論』昭和十七年二月号)なのだが、それには次のような描写がある。

「しめ切った雨戸のすきまから、まっくらな私の部屋に、光のさし込むように強くあざやかに聞こえた。二度、(注・開戦の報を)朗々と繰り返した。それを、じっと聞いているうちに、私の人間は変わってしまった。強い光線を受けて、からだが透明になるような感じ。あるいは、聖霊の息吹《いぶ》きを受けて、つめたい花びらをいちまい胸の中に宿したような気持ち。日本も、けさから、ちがう日本になったのだ」

やはり作家の伊藤整《いとうせい》も、「十二月八日の記録」(初出『新潮』昭和十七年二月号)で書いている。

「私は急激な感動の中で、妙に静かに、ああこれでいい、これで大丈夫だ、もう決まったのだ、と安堵の念の湧くのを覚えた。この開始された米英相手の戦争に、予想のような重っ苦しさはちっとも感じられなかった。方向をはっきりと与えられた喜びと、弾むような身の軽さとがあって、不思議であった」

こうした作家の筆調は、日中戦争のどんづまりの状況が、この臨時ニュースで一気に晴れていくとの国民の思いを代弁していた。中国を侵略しているという罪悪感と、アメリカとの戦争はそれを一気に帳消しにすることになるとの感性が混じりあっているのもわかる。アメリカと戦うことによって罪悪感が薄れていくというその心理は、昭和十六年十二月八日の真珠湾を叩くといった日本軍の奇襲作戦を何の留保もなく支持するということでもあった。

〈真珠湾奇襲攻撃・日本軍の大勝利〉の興奮は、日本社会に満ちあふれた。企業では急遽朝礼を開いて「憎きアメリカをやっつけろ!」と気勢をあげた。人びとの興奮にこたえるようにラジオは午前十時四十分に、第二回目の大本営発表を伝えた。「わが軍は今八日未明戦争状態に

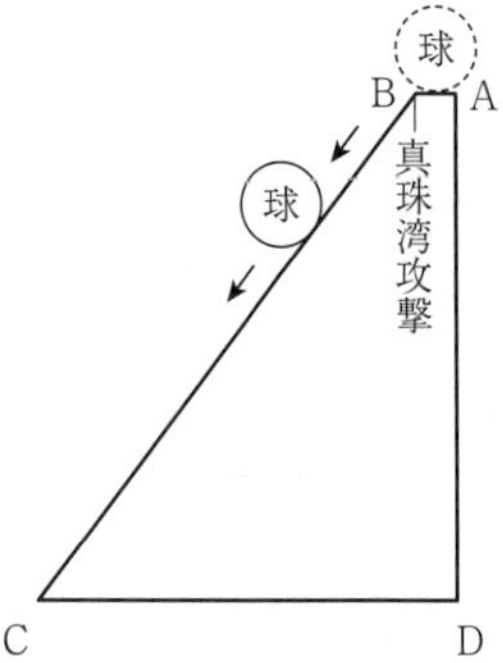

入るや機を失せず香港の攻撃を開始せり」という内容である。午前十一時五十分には軍艦マーチが派手に鳴って、第三回目の大本営発表が行われ、「わが軍は陸海緊密なる協同の下に今八日早朝マレー半島方面の奇襲上陸作戦を敢行し着々戦果を拡張中なり」と発表した。

つけ加えておくが、三年八カ月の太平洋戦争の間に大本営発表は八百四十六回行われたが、この日(十二月八日)、そしてこの月(昭和十六年十二月)は戦果を正確に発表していた。その後、発表内容は、虚偽、誇大、日米の被害を逆にする、捏造《ねつぞう》などと変化をし、最終段階にはまったく発表しなくなる。つまり沈黙の中に逃げこんでしまうのだ。開戦時の十二月だけで八十八回の大本営発表があったということは、正確なとき(つまり日本軍の戦果があがっているとき、アメリカ軍がまだ戦時体制に入っていないとき)はなんども放送をくり返していたことになる。

真珠湾攻撃によって、「球」の容積はこの国の表面積をはるかに凌駕《りょうが》するほどの量に達したといえようか。つまり表面は異様なほど張りつめた状態になり、「球」は斜面を自己運動ですべり始めたのである。図に描けば右のようになるということだ。外部の力を受けてというより内部の力が張りつめた形になり、自ら転がり始めたのである。この「球」の表面は、「軍事主導体制」という膜で覆われていたといっていい。

軍事主導体制という膜に覆われて斜面を転がっていく日本の姿は、もっと的確な表現であらわすこともできる。ＡＢの台上におさまっていた「球」は真珠湾奇襲攻撃を機にすべり始めたとしても、斜面ＢＣを転がっていく果てにあるのは「勝利」なのか、「敗北」なのか、それはむろんまだこの段階ではわからない。とはいえ「球」の自己運動には、客観的、相対的な意味が欠落していてかなり主観的だから、「勝利」を目ざしているとはいえ、それがどのような形を描くかはわかっていない。つまり「戦争に勝つ」とはどういうことか、この期の軍事指導者は明確につかんでいない。だからこそ軍部の中堅幕僚の中には、「ワシントンに日章旗を立てる」とか「ドイツと日本で世界を分割する」などと言いだす者まであらわれる有様だった。「球」の表面が軍事主導体制、あるいは軍事独裁で覆われているとはどういうことか。その歪みを私たちは知っているのか、それが改めて問われることになる。

昭和六年（一九三一）九月の満州事変から二十年八月のポツダム宣言を受諾しての敗戦まで、日本は軍事独裁に転じていった。とくに日中戦争以後の日本社会はまさにそのような時代であった。これに関してわかりやすいエピソードを幾つか語っておくことにしたい。平時の感覚や知性がどのように変わっていくか、の例である。

▽昭和十三年ごろから大蔵省に入省した官僚は、平時予算の組み方を充分に知らなかったというのは第三章ですでに記したが、そのために戦後になって、戦時予算の発想から抜けでることに相応の時間を必要とした。太平洋戦争開戦時の蔵相賀屋興宣は、その戦時予算の編成も限られた者しかできなかったと言い、次のように話していた。

「戦争になれば巨額の軍費その他の資金の撒布《さんぷ》があって、通貨の大膨張、インフレということが、命取りの敗北の原因になる(以下略)」「(注・「支那事変以来の予算編成は自分がやってきた」と言い)ちょっと口はばったいようで、言うのもどうかと思いますが、率直に言ってこの大戦争の大インフレを防ぐのは、私のほかない」(賀屋興宣『戦前・戦後八十年』)

自分以外にはわからなかったと自信満々に語っている。つまり戦時予算も平時予算も組めなくなるほど、大蔵省の役人もレベルが落ちたというのである。

▽同志社大学予科教授の和田洋一《わだよういち》は、昭和十三年(一九三八)六月に雑誌『世界文化』の同人として治安維持法違反の容疑で逮捕された。共産主義社会を望んでいたわけではなかったが、警察も検事局もとにかくデッチあげようとする。和田も面倒になり、「共産主義社会実現のためということ、そりゃあ潜在意識の中にならあったかもしれませんが……」と言うと、予審判

事は「潜在意識？　それで充分治安維持法に違反している」と起訴が決まる。
頭の中に一瞬でも反国家的なことを考えたら罰するというのが軍事主導体制の特徴である。
和田は戦後になって『灰色のユーモア』という題で自らの体験を綴った。当時の体制について次のように書いている。

「あの時代は普通、暗い谷間とよばれている。（略）暗い谷間というと、その前後に高い峯があって、その中間のくぼみのように思われるのだが、私の実感としては、底知れぬ深い谷間へずるずるとすべり落ちてゆく時代、途中でふみとどまろうとしても、足もとがくずれてゆく、はいあがるというようなことはとてもできない、ひとりひとりがもがいても歎いても、結局はみんながずるずるとすべり落ちてゆく、そして事実地獄まですべり落ちていった、そういう時代、破局への一方的傾斜の時代、奈落の底への地すべりの時代だったという気がする」

私のいう「球」の内部にあっても、感性の鋭い人はいずれすべり落ちていくことを予感していたのである。

▽西日本のある県の国民小学校。校門の横にアメリカ軍の指導者マッカーサーとニミッツのわら人形が置いてある。児童生徒は登校してくるやその二つのわら人形を竹やりで、「エイエイオー」と突く。それを見ていた校長が「よし」とうなずき、校門の中に入れる。女子生徒の

中にはそれが怖いからできないといって泣く子もいる。「少国民がそんなに弱くてはだめだ」と校長にどなられ、泣きながら竹やりで突く。毎日、である。

▽私は陸海軍の元軍人に数多く話を聞いている。昭和五十年代に、陸軍の将官に会っていた折りに、「君は男の子がいるのか」と尋ねられた。うなずくと、すぐに「決して戦争で死なない方法を教えてあげよう」と言い、「陸軍大学校に入れろ」と続けた。つまり今の防衛大学校のようなものですねと応じると、うなずく。その答の骨子は以下のようになるのである。

「なぜ陸大とか防大に行っていると死なない確率が増すかというと、前線にはでないから。後方で作戦計画を練っているだけだからさ。大東亜戦争で陸大出身者の死者は驚くほど少ないからね。息子さんを参謀にすれば命は安泰さ」

これは軍事主導体制の本質をよく語った言である。この体制のもとでは軍人以外の人物を排除していくことによって、戦争のできる国とし、円満な人格や性格の人物を切り捨てていくのである。それが正直にあらわれている。

こうしたエピソードは枚挙に遑《いとま》がない。軍事主導体制とは平時とはまったく異なるわけだが、こういうシステムを十年以上も続けると国家自体がバランスを失ってしまう。ありていにいえば平時の感覚を失うというわけだ。むろん人は友情や連帯、さらにヒューマニズム、犠牲的精神などを常に求めている。そういう心理は「戦争」という枠組みの中でも変わらない。

欧米の軍事学の書によると、戦争はヒューマニズム、友情、連帯、同胞愛などをもっとも簡単に味わうことができるとある。「しかし」とこうした書は説く。それは「相手を憎む」「敵を抹殺する」という醜悪な前提の上に成りたっているがゆえに、戦争のヒューマニズムは決して本物ではないと指摘する。これは的確な指摘である。私たちは、こうした戦争の持つ側面を知っているか、今いちど確認してみることが必要になるだろう。

「球」の表面は軍事独裁という膜で覆われているのだが、その内部では真珠湾攻撃をいきなり知らされ、太宰治のいう「強い光線を受けて、からだが透明になるような感じ」だったり、伊藤整の書き残したごとく「方向をはっきりと与えられた喜びと、弾むような身の軽さ」を味わうのである。

十二月八日を境に、大政翼賛会や戦争協力団体の建て物には、国民の心情を煽《あお》るようなスローガンの垂れ幕が掲げられた。そこには、「屠《ほふ》れ！　米英われらの敵だ　進め！　一億火の玉だ」とか「ゆくぞ　ゆこうぞ　がんとやるぞ　大和魂」といった文字があった。そういう建て物には必ず開戦の号外も掲げられ、市民の中にはそれを見ながら「万歳」を叫ぶ者もあった。

こうした空気が「球」の内部にあふれていたのである。

十二月八日の正午の光景を描くと、それがより精密に、より鮮明になってくる。正午の時報を告げたあとに君が代が流れ、開戦の詔書がアナウンサーによって一語一語確認するように読まれた。東條英機首相はそれを受けて、「皇国は二千六百年、我等は未だかつて戦いに敗れたるを知りません」とふるえる声で叫び続けた。その東條のもとには、秘書官の赤松貞雄《あかまつさだお》によるなら電報、電話が殺到したという。大体が「東條首相よくやった」「米英撃滅」といった内容である。電話の向こうでは興奮のあまり涙声で「大日本帝国万歳！」を連呼する者もあったという。

むろんこの「球」の内部にも冷めた声はあった。天皇の侍従だった岡部長章《おかべながあきら》によるなら、三井財閥に嫁いだ姉は「なんと愚かなことを」と叫んだというし、アメリカやイギリスの現実を知る者は大体がこうした批判的な言をなしたというのである。侍従たちの中にもアメリカ留学の体験を持つ者もいたし、皇族の中にはもともと親英米的な空気が少なくなかった。しかしそういう批判的な人たちは、この興奮の中でひたすら沈黙を守った。自らが少数派であることを自覚していたのである。

「球」は時間の流れにあわせて坂道をすべっていったというべきであろう。真珠湾攻撃のときに表面が聖戦意識で張りつめただけに、そのスピードはかなり早かったといっていいだろう。

しかもその内部は「米英撃滅」で固まっていたから加速度がついていた。「球」が坂道をすべり落ちる状況になったのは――つまりこの国が社会全体のほとんど総意といった形で「球」になるのは、このときが初めてであり、そして最後だった。三年八カ月の戦時下では、戦況そのものに一喜一憂しつつも、しだいに「球」の表面がたるみなく張っているわけではなくなっていった。戦争が進むにつれ、むしろこの表面にはたるみが生まれ、その最終段階が「勝利」であるなどありえないことが明らかになってくる。

戦争という国策を選択したのは、議会でも国民でもなかった。軍官僚とその一派だったといってよかった。大本営政府連絡会議が決定し、それを御前会議が追認するという形での決定であった。大本営政府連絡会議は憲法上に明記された機関ではなかった。軍事の作戦や編制を政府と調整するための一機関にすぎず、決定に違法性があるのではないかとも思われるほどであった。

この会議で東條は二役を兼ね、前述のとおり出席者九人のうちの七人は軍人であり、彼らは政治家としての自覚を持っていないし、国民の負託を受けたこともない。

彼らが戦争を決定したプロセスを確かめていくと、すぐに次の二点がわかってくるのである。

(一)　戦争という国策の決定には軍人の視点しかない。

(二) 戦争の終末点をまったく考えていない。

つまり開戦という方向には積極的だが、どのような形で戦争を進めるかといった政治や外交の視点に欠けている。いや欠けているどころか一切そんなこと考えていない。それはつまるところ(二)の「終末点を考えていない」となるのだが、この二点を踏まえると、軍事主導体制の欠陥として次の結論がでてくる。

〈日本軍はとにかく勝つまで戦う〉

国民の生命と財産を守るべき政府と軍事機構は、平然としてそれを湯水の如くに使って、戦争を続けた。そのことに一片の良心の呵責《かしゃく》も感じていないことは戦時下の軍人たちの動きを見ていると実によくわかる。昭和十六年(一九四一)一月に東條英機の名で示達された「戦陣訓」は、そのことをよくあらわしている。とにかく「命を捨てろ」「捕虜になるな」「戦場で朽ちろ」と命じているのである。改めて「戦陣訓」を読んでみるといい。そこには戦時下であれば軍事指導者にはすべてのことが許されるという思いあがりしか書かれていない。

東條ら軍人たちは「球」の内部を、自らに都合のよい戦争観で染めあげようとしていたのである。

こうした事情を踏まえて、「球」の内部は人為的に、半ば恫喝《どうかつ》を交えながらの戦争観で埋められていったと解釈すべきであろう。太平洋戦争に限れば、すでに日中戦争を始めていながらそれを戦争と称さず、ＡＢの台上で「球」は不安定な状態で揺れていたのである。大本営政府連絡会議の軍官僚たちは、日中戦争を納めてひとまず「球」の位置に安定感を与えるなどといった発想は持たず、その「球」を坂道にすべらせて、ゆきつく先が「勝利」だと信じていたのである。しかしそのための政治的信念などはまったくなかった。単なる妄想であった。

「球」は真珠湾奇襲攻撃時からすべり始め、これが軍事的には首尾よくいったというので国民の歪んだ感情に火をつけることになった。そして「球」は加速度をつけながら「球」内部の人たちの運命を弄《もてあそ》びながら「敗戦」という泥沼に引きつれていったのである。この「球」は静かに、ゆっくりと解体していき、やがて形を変えることになった。

そのプロセスは次代の者に多くの教訓を与えている。

第七章　昭和史と二つのS字曲線
——オモテの言論、ウラの言論——

昭和初年代、そして十年代の日本社会は、日を追って「言論」の幅を狭めていった。昭和四年、五年ごろ(一九三〇年代初め)の総合誌の目次を見るとわかるが、軍部批判や社会主義にもとづく時評などが、とくにはばかられることなく掲載されている。大正デモクラシーの流れが保たれていて、まだ言論活動は一定の範囲で許されていたのである。

ところが昭和十年代半ば(一九四〇年前後)になると、そういう流れは消えていき、皇紀二千六百年を賛《たた》える皇国史観が前面に出ている。日中戦争が泥沼に入っていくとき、その戦争を「聖戦」と位置づけ、あらゆる批判を封じこめるという意図が、こうした総合誌の目次の中にも歴然と窺える。「言論」の幅を狭めるために、戦争という時代にあっては情報は一元化されるというのが歴史上の原則である。

一元化された言論は、もとより多様な考えを許さないという意味ではあるが、さらに深く吟味していけば「ひとつの価値観、ひとつの生き方」しか許さないという意味になる。国家の命ずるままに生き、国家の命ずるままに死んでいけ、と言い換えてもよいであろう。国家に従属した人間としての充足感、それのみが強要されるのである。逆にいえば、国家が命令した歴史観、ひとまずそれを口にしていれば命は保障されるということになろうか。軍事主導体制というのはそれほど非人間的な空間ということができる。

この章で確認したいことなのだが、昭和二十年(一九四五)八月、あるいは九月を境にして、それ以前の大日本帝国では言論の自由とか表現の自由はなかった。憲法自体も「臣民」としての範囲でその自由を認めているのであり、普遍的な市民的権利の容認などまったく考えられていなかった。とくに昭和十年代は、言論の幅は一気に狭まっていき、すべてが戦争に収斂《しゅうれん》していった。

言論の幅が狭まっていくと、平時とはまったく異なる価値観が支配する空間へと変容し、社会が病んでいく、ということでもあった。

こういう狭まった空間での価値観や思想を、戦前における「オモテの言論」と私は称するのである。このオモテの言論は国家公認の言論であり、いわば安全地帯に身を置く言論である。

これに対して国家が公認しない言論、つまり戦争に疑問を持つ思想、あるいは戦争を否定する思想を軸にする言論や市民としての自覚にもとづく言論などは、当然のことながら容認されない。弾圧や刑務所送りの言論ということになる。これを「ウラの言論」と評することにしよう。ウラの言論の意味を解して、地下に潜った言論と言ってもいいのではないかと思う。

もともと近代日本の社会には、言論の二重性があり、国家を主軸にしての戦争肯定の言論と、個人に価値を置く戦争否定の言論とが混在していた。後者の思想は市民社会の市民的権利を容認する言論ということもできた。この二重性は表面的には昭和二十年八月、あるいは九月に入れ替わることになる。いわばオモテの言論がウラに回り、ウラの言論がオモテに出てくることになったと言い換えてもよかった。二重性の価値が逆転したというふうに評してもよい。

この入れ替えを図式化するとどのようになるのだろうか。私は、Ｓ字曲線という概念を持ちこみたくなる。次のページの図のようになる。戦前のＡというオモテの言論は敗戦を機にA′といった形でウラの言論にと潜っていく。

戦前のＢというウラの言論は、B′という形のオモテの言論に変わっていく。

この入れ替え期がいつかもまた興味を持たれるのだが、あえていえば昭和二十年九月二十七日の、天皇とマッカーサーの第一回会見ではなかったかと私には思える。この日、天皇は初め

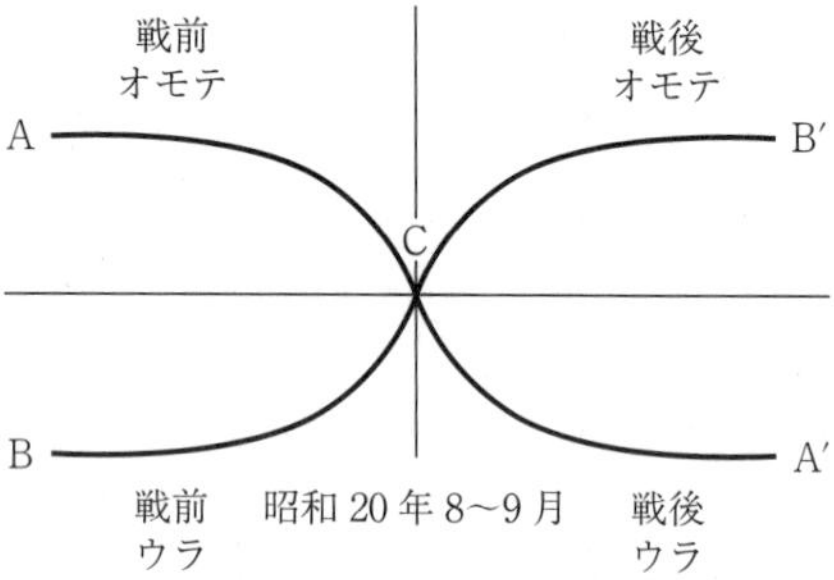

オモテの言論とウラの言論

て東京・赤坂にあるアメリカ大使館を訪ね、GHQ（連合国軍総司令部）の最高司令官であるダグラス・マッカーサー元帥に会っている。二人が並んだ写真は、アメリカ社会にメディアによって紹介されている。日本人が神だと思っている人物は、意外に平凡な日本人の体型だと評されることにもなった。日本のメディアは、戦前の報道基準によれば、不敬罪にあたるとしてこういう会見写真などまったく報道する習慣を持っていなかった。

ところが外国から入電したという形で二日後に一斉に報じた。日本社会では現人神《あらひとがみ》の天皇がカーキ色の軍服姿のマッカーサーと並列して写っているその写真は、あまりにも衝撃的であった。これは不敬罪になると考えた内務省は発行禁止の処置をとった。激怒したのはGHQの将校たちである。内相の山崎巌《いわお》を罷免したうえで、むしろ全メディアにこの掲載を奨励することになった。

同時にGHQは表現の自由を積極的に通達し、大日本帝国型の検閲や表現の自由を狭める動きをすべてとり払ったのである。

この変化の時点がCである。Cに変わったといっても、ときにはかつてのオモテの言論も散見されたが、しかしほどなくウラの言論にと化していくことになった。とはいえその図をもう少し精密に見ていくと、以下のように言えるのではないかと思う。

S字曲線とは物理学や生物学、それに数学などの分野の理論だというが、今は社会学や市場調査などから医学にまで幅広く応用されているという。これを参考にオモテの言論とウラの言論の交差を考えるのである。このS字曲線は事物の出現、成長、成熟、衰退、死滅といったサイクルを見ていくときに便利な図だともいうのだが、これを利用して戦前のオモテの言論はいかに形成され成長していったか、またウラの言論はどのようなプロセスを持っていたのかなどを見ながら、戦後のオモテの言論がいかに戦前のウラの言論からよみがえったのかを確かめる必要があろう。

逆に戦前のオモテの言論がいかに戦後のウラの言論と連続性を持っているかなどを知ることも必要だ。

Aの言論はどのような特徴を持っていたか。箇条書きにしてみよう。

㈠　天皇を神格化、日本を神国と位置づける。

㈡　支那事変、大東亜戦争は聖戦必勝である。
㈢　八紘一宇《はっこういちう》の精神のもと世界支配の役割を持つ。
㈣　臣民は天皇のために命を投げだす。
㈤　今次の戦争は勝利の時まで続く。

大まかにいえばこうした論が骨格となっている。これを先の出現、成長、成熟といったサイクルでいえば、まさに昭和八年ごろから出現し、昭和十一年の二・二六事件後に成長して、昭和十五年の皇紀二千六百年に成熟という形になり、その勢いで太平洋戦争に入ったということだろう。

では戦前のウラの言論とはどのような内容か。これも箇条書きにしてみよう。

㈠　天皇神格化の否定。
㈡　支那事変、大東亜戦争に反対ないし即時講和。
㈢　反枢軸体制、親英米派の感覚。
㈣　戦争指導者への批判。

いわば戦争反対の感情論から自由主義者、社会主義者の思想まで含んでいた。社会主義者としての革新グループは昭和の初めから存在したのだろうが、大半は戦争の進行につれしだいに戦争反対論を持つようになり、それを密かに心の通じあう人びととだけ話し合っていたのである。それゆえにウラの言論ということになろうか。

もっとも、オモテの言論が国家公認の言論として世間を闊歩していることに懐疑的な人びともまた、しだいに増えていくのである。しかしそういう人たちは自分の考えを口にしない。つまり処世の一手段として沈黙を守ることで、オモテの言論をあざ笑っているのである。いやそこまでの感情はないにしても、オモテの言論への信用はないと言ってよい。

このＳ字曲線のオモテの言論は声高に叫ばれるにしても、ウラの言論もまたそれに抗するだけ育っていたのだろう、敗戦を機にオモテとウラが逆転することの必然性はあった。そういうケースを考えてみたい。

戦後社会での戦争の呼称の問題である。オモテの言論では、「日中戦争」「太平洋戦争」という言い方が一般的で、さらに呼称に深い意味を持たせる表現として、「アジア太平洋戦争」「東亜侵略戦争」とか「十五年戦争」、ときには「対中侵略戦争」といった語を用いる論者もいる。いわば標準的な型として、「日中戦争」「太平洋戦争」といった形に落ち着いているといっていい。一方でウラの言論としては、「支那事変(北支事変、日華事変などもある)」「大東亜戦争」であある。もとよりこれは戦時下では逆転していて、「支那事変」「大東亜戦争」がオモテにあった。

戦時下の「支那事変」「大東亜戦争」は、政府が発表した呼称をそのままなぞったわけだが、「大東亜戦争」という呼称は昭和十六年(一九四一)十二月十二日の閣議で正式に決まった。その折りに次のような説明があった。

「今次の対米英戦は、支那事変をも含め大東亜戦争と呼称す。大東亜戦争と称するは、大東亜新秩序建設を目的とする戦争なることを意味するものにして、戦争地域を大東亜のみに限定する意味に非ず」

ここでいう東亜新秩序とはどういう内容であったか。陸軍省報道部から発行された『大東亜戦争』という冊子(昭和十七年三月十日刊)は、東亜の解放ではなく、枢軸体制による世界支配の意味だと堂々と宣言している。

オモテの言論の本質を知るために、この『大東亜戦争』という冊子が明かしている東亜新秩序を知るべきであろう。以下に引用したい。

「大東亜戦争は新秩序戦争である。単に東亜の戦争と言うべきものではなく、世界の戦争であることを知らねばならない。東亜の天地から米英等の不正不義勢力を駆逐掃蕩して東亜新秩序を建設することのみが目的ではない。進んで世界の新秩序を確立するまではこの戦争は終らないのである。この為に、盟邦独伊等は欧州に於て新秩序建設の責任を分担し、亜欧其の時を一にして戦っているのである」

東亜新秩序の意味は、ヒットラーやムッソリーニと共に世界新秩序をつくる戦いであり、「大東亜戦争の開戦詔書」の戦争目的の中に「東亜解放」などは露ほどもなかったことを私たちは知らなければならない。この冊子の中では、大東亜戦争のほかに、「新東亜戦争」とか「資源戦争」といった語が用いられている。新東亜戦争とは前述のように世界新秩序を建設するとの意味であり、世界新秩序と同義語だったとも補足している。

このほかに真珠湾奇襲攻撃のあとの刊行物などでは、「世界最終大戦争」とか「皇道文化（注・八紘一宇の精神を宣布するの意味）戦争」などもあげられている。

もともと十二月十日の大本営政府連絡会議や十二日の閣議で、今次の戦争の呼称が論じられたときには、海軍からは「興亜戦争」、陸軍からは「対米英蘭戦争」といった語も用いられている。緒戦は日本は軍事的に優勢であったために、呼称についてもきわめて大きな意味を持たせようと腐心していたことがわかってくる。

整理すると、オモテの言論では以下のような呼称があがっていた。

大東亜戦争／新東亜戦争／資源戦争／世界最終大戦争／皇道文化戦争／興亜戦争／対米英蘭

戦争など。

こうした呼称の中に、東亜の解放、独立援助などといった理想はまったく加えられていなかったことを知るべきである。このオモテの言論における戦争の論理は、日本の国益の拡大、国権の伸長、国威の発揚といった点にあり、当時の軍事指導者がいみじくも口にしたように、他国の利益を考える余裕など寸分もなかったことは、正直に認めなければならないだろう。

そしてこの時期のウラの言論である。

共産主義者が用いていた「帝国主義戦争」とか「中国・東亜侵略戦争」などがもっとも一般的である。第二次世界大戦とは帝国主義列強による「市場争奪戦争」であったとの分析によるものだが、このほか自由主義者の間などでは密かに「反ファシズム戦争」といった見方もあった。ドイツ、イタリア、日本の枢軸体制はファシズムであり、米英を中心にしたデモクラシーとの、体制のあり方をめぐる戦争という意味である。一方で日本が中国を侵略して始めた戦争であり、いってみればこれは「不正義の戦争」という見方もあった。

オモテの言論を発する側にいたにもかかわらず、この戦争の本質は中国の軍事力を軽視した戦争だとして、東亜連盟を主宰していた石原莞爾《いしはらかんじ》などは「大持久戦争」と名づけ、国力に限界がある日本が行ってはならない戦争だとの見方を示した。

ただこうした戦争の呼称は、一般に広がっていたわけではない。ウラの言論の枠内でも密談風に話されていて、大東亜戦争に対峙するような国民的な広がりのある呼称ではなかった。密かに「帝国主義戦争に反対」というスローガンが叫ばれたにしても、それはそれほどの広がりは持たなかった。

ウラの言論の中でのこの戦争の呼称を列記しておくと以下のようになる。

帝国主義戦争／中国・東亜侵略戦争／反ファシズム戦争／大持久戦争など。

ウラの言論は戦争に反対する思想や見解を意味する語を含んでいて、大東亜戦争にかわって国民に流布する呼称を持ちえなかった弱さは認めなければならないだろう。とはいえ「戦争反対」という思いが、国民の心理の底には眠っていたとの見方はできる。

オモテの言論とウラの言論の例を戦争の呼称にとり、それをＳ字曲線であらわした場合、それぞれの幅は同じではなく、オモテの言論とウラの言論の幅や奥行きには相当の開きがあるように思う。つまり同じ次元では論じられないように思えてくる。

しかしウラの言論の中に、呼称それ自体を合言葉のようにして戦争反対を訴える動きはなかったにせよ、国民の心理の中には戦争政策に対する不安、不満、不信が相当広がっていたことは各種の史料から窺える。たとえば特高警察史料を見ても、戦況が悪化するにつれ国民はこの戦争が自分たちの利益になんら結びついていないと理解していったことがわかる。軍事機構や警察機構の弾圧の構図はそれゆえに苛酷になっていくのだが、この苛酷さは逆に国民の不満を根強く潜在化させることになるわけである。

戦後になって、とくに昭和二十年代、三十年代、四十年代にあっては、この戦争の呼称は、オモテの言論の枠組みの中で「太平洋戦争」に一本化していたと言っていいであろう。逆に大東亜戦争はウラの言論に固執する人びとが用いる呼称となり、みごとなほどその対照が明らかになっている。加えてこうした呼称の中に思想や歴史観が持ちこまれることにもなり、好むと好まざるとにかかわらず、呼称はそれ自体がそれぞれの思想的立ち場を示すことになった（もっともそのような意識を持つことなく自らが育った時代の語を口にしている人も多いのも事実なのだが）。

戦後社会のオモテの言論では、どういう経緯で「太平洋戦争」に落ち着いたのであろうか。実は昭和十六年（一九四一）十二月十日の大本営政府連絡会議では、海軍側から「太平洋戦争」という案も持ちだされている。それは太平洋という戦場でアメリカ軍と戦うのだから、そのような呼称をつけたらどうかとの意見であった。これに対して陸軍側は、戦場は太平洋だけではないと反撥《はんぱつ》して、沙汰やみとなった。

戦後のプロセスをなぞってみると、表面的にはGHQの意向が働いたかのように思える。まずGHQは、昭和二十年(一九四五)十二月八日に全国の新聞に「太平洋戦争史」という連載記事を掲載するよう命じた。このシリーズは、GHQの文官によってまとめられた米日戦争史である。十回の連載で、真珠湾攻撃から四年目にあたるこの日から続き、国民は初めてこの戦争の内実を知らされたのである。

たとえば昭和六年(一九三一)三月に軍首脳部が企図していた「三月事件」などは、このシリーズで国民に初めて知らされた。加えて太平洋戦争下の大本営発表がいかに嘘を並べたてていたかなども具体的に知らされていった。この「太平洋戦争史」は冒頭で、軍部による戦争犯罪は捕虜虐待、国民の自由剝奪など限りないのだがと前置きして、「これらのうち何といっても彼らの非道なる行為の中で最も重大な結果をもたらしたものは真実の隠蔽であろう」と断じた。国民は真実を知る権利があるとも言い、日本の軍部の悪質な国民弾圧の一部始終が語られていった。

国民にとってここで明かされた真実は、ほとんど初めて知ることであり、その意味ではこれは教化啓蒙の重要な手段でもあった。この「太平洋戦争史」はひとつの史観によって成りたっていた。私はこのことをかつて「大東亜戦争と太平洋戦争、その呼称について」(『あの戦争から何を学ぶのか』所収)という稿で書いたことがある。以下のようにである。

「軍部の権力濫用によって、国策が著しく歪み、国民の諸権利を封鎖し、国民を戦争に駆りたて、犠牲を強要し、現実の戦争の内実を隠蔽し、そして国土の荒廃と平和な生活を危機に追い込んだというのが、この史観の流れである」

「太平洋戦争」という呼称は、確かにGHQ主導の下で始まり、一般に用いられることになった。いわば戦後のオモテの言論のスタートである。「大東亜戦争」をウラの言論に押しやることになったという言い方もできた。そして重要なことは、これはまさにある史観にもとづいていたのである。最終的に「大東亜戦争」という語が教科書から消えたのは、GHQが文部省に対して、修身、日本歴史、地理の三教科の授業を停止させると同時に、新たに用いる教科書を示してからだ。

オモテの言論とウラの言論はこうして入れ替わっていく。それゆえにS字曲線を交差させた形をつくるとわかりやすいのだが、「太平洋戦争」には、軍部の横暴やその侵略を否定する意味が付加されていった。いわば日本の軍事指導体制が根底から批判されていったのである。

逆に「大東亜戦争」を用いる論者は(自らが育った時代にそう言ったから、私はそれに準じているだけという人は別にして)、明らかに政治的、歴史的意図があり、日本の当時の戦争を弁護するとの意味を含んでいた。それはとりもなおさず戦前のオモテの言論の五つの特徴を認めることに通じていた。さらにこうした論者の言い分は、昭和十六年十二月八日当時に発せられた帝国政府声明とほとんど同じで、著しく自省に欠けている点では首をひねりたくなる。

つけ加えておけば、私がこの「大東亜戦争」という語を耳にしたのは、戦友会の集まりや右翼系と評される団体の人たちに話を聞いたときだが、戦後にあってはしばらくはひそひそと語られていた。その論点は自省に欠けていて、きわめて一方的であった。

「太平洋戦争」はオモテの言論の中で、少しずつ変化している。いうまでもなくこの呼称では、中国をはじめアジアの国々と戦ったという事実は伏せられている。そこで「アジア・太平洋戦争」という呼称も用いられるようになり、さらに「十五年戦争」といった時間の長さに収斂するかのような言い方もされた。オモテの言論では、その呼称もしだいに深化したといっていいかもしれない。ただこうした深化に対して、もっと一般的な言い方はないかとの声もあった。オモテの言論の中から、政治性、歴史性を抜いたらどうかとの意見である。

私がこうした論を目にしたのは平成八年（一九九六）のことで、『軍事史学』（通巻一二七号）に、上智大学名誉教授の藤村道生が次のような内容を書いていた。とくに「太平洋戦争史」についてふれながらの論である。

「(注・この「太平洋戦争史」は)米軍の史観によりまとめられていたが、国民には初めて知る事実も多かったため、強い印象を受けた。かくて国民は知らず識らずに太平洋戦争の呼称に誘導され、学校教育でも常用されることになって、太平洋戦争の語が国民の間に定着した。高校の教科書は太平洋戦争とし、脚注で当時は大東亜戦争と称したと指摘しているが、しかし、それを欠くものもある。それ故、幾世代か後には大東亜戦争の語は死語となるだろう」

藤村はさしあたり「昭和大戦」と称すべきだというのであったが、これはオモテの言論の中で「太平洋戦争」の持つ性格を抜きにして一般化しようという意味を含んでいる。私はこのような一般的な言い方を、読売新聞の主筆である渡邉恒雄からも聞いたことがあり、こうした語はたとえば、「昭和」という時代の戦争であることを明確にしようというもので、当然、明治や大正の戦争とは異なるとの意味があるのだろう。それゆえに「安政の大獄」のような元号を冠した歴史的用語に変えていこうというわけであろう。ひとつの方向は確かに示している。

もっとも私はこの呼称には反対で、少なくとも同時代人としてはこのような一般化はすべきでなく、次代の人たちの認識に任せるべきものと思う。

藤村がこうした論を提唱するのは、執筆当時の平成八年ごろから現在までの社会の動きを見ると、うなずけないこともない。確かにこのところ、ウラの言論がオモテの言論に近づいてきた。たとえば「大東亜戦争は聖戦である」といった旗を掲げ、それに見合う史実や証言をさがしだしてきて、「どうだ、大東亜戦争は聖戦であろう」と見得を切るのである。こうした一派は歴史修正主義的な見方といってもいいのだが、とにかく戦後社会のアカデミズムやジャーナリズムを愚弄していることにほかならない。

なぜならアカデミズムやジャーナリズムの人たちは、敗戦時に平気で史料を焼却した軍事指導者や政治指導者の歴史的無責任を埋めあわせるために、まず史料を集め、証言を求め、そして丹念に史実を個々に確立してきたのであった。そういう努力を営々と続けてきたのである。ところがこの旗を掲げる一派は、そういう戦後社会のオモテの言論を無視して、ウラの言論を狡猾な手法でオモテに浮上させようとしている。この一派の論、前述のように「大東亜戦争は聖戦である」といった言い方を聞いていると、正直なところ戦前のオモテの言論を口にしているだけということがすぐにわかる。自らの論を正当化するために、意見の異なる相手を恫喝、嘲笑、それに罵倒している姿の中に、むしろその後ろめたさが隠されているように思える。

現代はオモテの言論が勢いを失い、ウラの言論が社会の表面に浮上してくるかのように思える時代である。「太平洋戦争」という呼称の広がりを、「大東亜戦争」という昭和十六年十二月十日の大本営政府連絡会議の決定で無理矢理突破しようとしているかのようなのである。

もとよりこのオモテの言論は、自由とか民主主義とか、人権とか、あるいは友好といった語で語られる認識によって支えられている。憲法の認める市民的自由を土台とする空間によって守られてきた。ところがウラの言論は、国家とか敵とか軍事といった語によって支えられていて、憎しみや罵りといった感情的な表現が底辺になっている。現在のオモテの言論が平時の表現であるのに対し、ウラの言論は戦時下のオモテの言論と軌を一にしている。それが二つのS字曲線を重ね合わせるとよくわかる。

あえてふれておくが、安倍晋三首相のような歴史修正主義の人たちは「戦後レジームの清算」という語をしばしば口にする。それはつまるところ、オモテの言論を排斥せよ、そうした論を清算せよ、と同義語である。戦後レジームとは、占領期につくられた憲法をはじめとする民主的改革を指しているようだが、これを清算せよとはつまり大日本帝国型システムに復帰せよという意味ではないか。もっとわかりやすくいうなら、ウラの言論に回帰せよとのかけ声としか思えない。

このからくりを見抜けないとすれば、私たちは歴史的鈍麻と後世の人たちに謗《そし》られても反論はできないであろう。今、私たちには「先達の志に学び、後進の師になる」との精神が求められている。

第八章　昭和史と座標軸
――軍人・兵士たちの戦史――

日本が出版の自由を獲得したのは、昭和二十七年(一九五二)四月二十八日である。つまりサンフランシスコ講和条約が発効した日からだ。確かに現在の憲法の発効(昭和二十二年五月三日)によって、市民的権利としての表現の自由は獲得できた。しかし実際にそれがそのまま適用されたかとなると別問題で、占領期の間はたとえば原爆報道などはGHQによって制限が加えられていた。

反米感情が高まるのを恐れていたためでもある。

憲法で出版の自由が保障されたといっても、すぐに太平洋戦争に関する書や、昭和前期の軍事主導体制を解剖するような書が刊行されたわけではなかった。森正蔵(毎日新聞社会部長)の『旋風二十年(解禁昭和裏面史)』のようなベストセラーが編まれて国民に昭和前期の事実は知らされても、しかしそれがすべてではなかった。つまり個々の史実が当事者たちの筆によって編まれることはなかったのである。

太平洋戦争全般に関する記述から、個々の戦闘や戦場、さらにそれぞれの部隊や兵士たちがどのように戦ったかについての書の刊行は、この講和条約の発効を待たなければならなかった。したがって昭和二十七年から五、六年の間は、いわば戦史・戦記ブームともいうべき時代となり、日本社会はあの太平洋戦争の内実をとにかく知りたがったのである。こうしたブームを受け、『日本週報』や『丸』などの雑誌、さらには文藝春秋新社なども戦史・戦記の出版にまずはとりくんだ。

ところでこのときから現在(平成二十七年(二〇一五))までの間には六十三年が過ぎている。この段階でこうした戦史・戦記にはどのような特徴があるのか、その俯瞰図を描いてみたいと思う。戦争は当事者によってどのように語られてきたのか、それを図式化していくとさまざまなことがわかってくる。無作為に著作のリストを見ているだけでは決してわからないことが明らかになるといってもよい。

陸軍を例にとって考えるが、次のI図を見てほしい。まずタテ軸に兵士から将軍までの階級を書きこんでいく。ヨコ軸は所属する司令部を書きこむ。つまりこの座標は、戦史・戦記を著

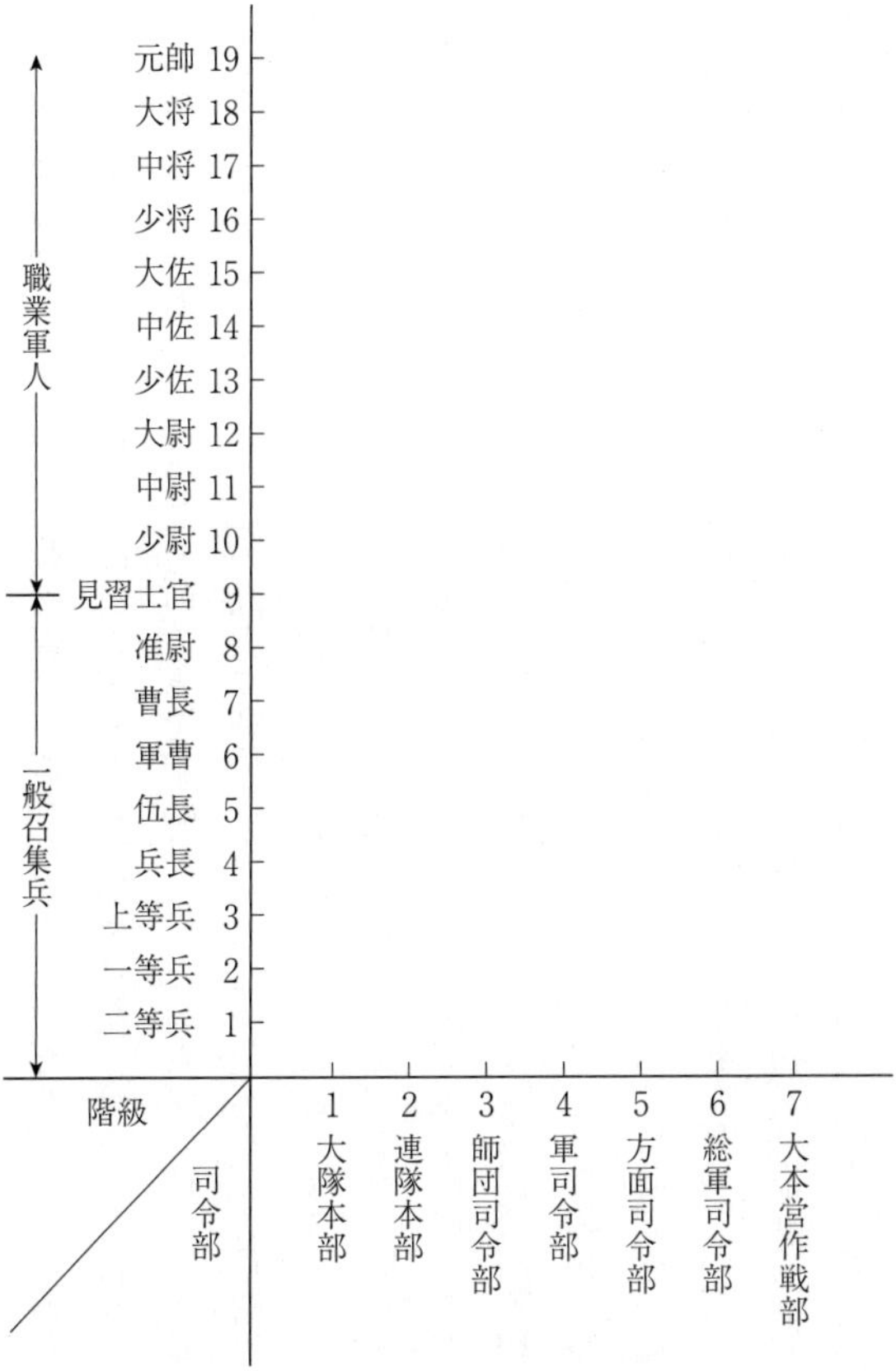

〈Ⅰ図〉戦史・戦記刊行を位置づける座標軸（陸軍）

した兵士や下士官、それに将校がどの位置に存在するかを示すことになる。

ちなみに座標というのは、数直線の目盛りを指すわけだが、この目盛りをもとにそれぞれの将兵の位置がわかる。たとえば『大本営参謀の情報戦記』を著した将校、堀栄三《ほりえいぞう》は少佐時代に大本営の参謀であり、そのころのことを中心に書いたのだが、彼はタテ軸13、ヨコ軸7といった立ち場である。こうしてこの図表に戦後に書かれた戦史・戦記を位置づけると、どの立ち場の将校がどのような意図をもって書いたのか分析も可能になってくる。

その分析の前に昭和史の文献と戦史・戦記の記録を見ておこう。昭和史総体を俯瞰する書は、東京裁判時に明らかにされた『木戸幸一日記』や『西園寺公と政局』などがあるのだが、この流れを受け継ぐ形は二つの方向性を持っていた。その一つが原書房が昭和四十年代から刊行を続けた「明治百年史叢書」である。明治百年というキーワードで昭和の時代の残されていた文献、日記、回想録などをシリーズで刊行している。これは主に防衛庁戦史部を中心に各官庁が協力した企画であり、昭和史研究のもっとも重要な文献ともなっている。

この企画には参謀総長の杉山元《すぎやまはじめ》の『杉山メモ』や、参謀本部所蔵『敗戦の記録』、関東軍総司令官であり侍従武官長でもあった本庄繁《ほんじょうしげる》の『本庄日記』、海軍の連合艦隊参謀長だった宇垣《うがき》纏《まとめ》の『戦藻録《せんそうろく》』など多数の昭和史研究の基礎史料が収められている。私財をはたいた成瀬恭《なるせきょう》氏

（原書房社長）の功績は大だといわなければならない。

もう一つの方向は、みすず書房が刊行した「現代史資料」シリーズである。同社の昭和史研究者である高橋正衛《まさえ》氏が中心になって昭和の史料を収めたもので、こちらは昭和三十七年（一九六二）から刊行が始まっている。二・二六事件の史料を始め、外交文書や国家主義運動の法廷記録などこれもまた重要な記録文書が収められている。

なぜこの二つのシリーズが重要だったか、ということだが、国はこうした文書・記録を整理して残していないからである。これは歴史観の欠如ということにもなるのだが、昭和二十年（一九四五）八月十四日の閣議で、あるいは軍事機構の会議で、太平洋戦争に関する史料や記録文書のすべての焼却を全国の市町村にまで命じている。そのために十四日夜から二十日までのほぼ一週間のうちに重要史料は次々に焼却されたといわれているほどだ。

このことはポツダム宣言の第十項にある「われらは、日本人を民族として奴隷化しようとし、また国民として滅亡させようとする意図をもつものではないが、われらの俘虜を虐待したものを含む一切の戦争犯罪人に対して厳重な処罰が加えられるであろう」（外務省訳『日本外交史（23）』）との内容を恐れての焼却であった。当時の軍事指導者がいかに責任を自覚していないかの典型的な例でもあった。

こうした態度から私たちが汲みとるべきことは二点あり、その第一点は、「日本の軍事・政治指導者たちの自己保身は徹底して弾劾されてしかるべき」ということだ。彼らは、国民に対して何らの責任も自覚していないのである。第二点は、「永遠に戦時指導者たちは歴史的無責任さを背負いこむべき」ということである。この無責任さは未来永劫消えることはなく、当時の指導者の名は記憶し記録されて伝えていくべきであろう。

彼らの歴史的姿勢の欠如をさしあたり補ったのが、前述のように「明治百年史叢書」であり、「現代史資料」であった。この二つのシリーズが結果的に太平洋戦争を含めて昭和前期の記録を整理することによって、その後の昭和史研究は飛躍的に進歩したといっていいわけである。さらにつけ加えておけば、読売新聞社は新聞社の特性を生かして、昭和という時代の重要な史実に関わりを持った人物たちを次々と取材して、その証言をありのままに残している。それが昭和四十年代初めから刊行された『昭和史の天皇』(全三十巻)である。日本の原爆研究や本土決戦の作戦計画など、それほど知られていない史実なども丹念に聞き書きされていて、オーラルヒストリーの先駆的な仕事である。

昭和史の基礎的な文献や記録文書、それに証言などはこうした出版社、新聞社の昭和史研究者によって整理され、多くの人びとの目にふれ、次代の研究者やジャーナリストによりさらに検証され、そして保存されてきたのであった。

これらのことを頭に入れて、さてそれでは、兵士や将校が自ら体験した記録や文書はどのように残されてきたのだろうか。彼らの体験記を読むことによって、私たちは真に戦争の怖さを知るべきで、それがどのように残されてきたかの検証は必要になるだろう。

先のⅠ図に書きこんでいけばわかることなのだが、私の見るところ戦史・戦記は、大体がその作戦や戦略を担った佐官クラスがまずは筆を持つように思う。将官が著した書もないわけではない（宇垣一成《うがきかずしげ》の日記など）。ただし軍人としてのみ生きた将官たちには当初、「敗軍の将、兵を語らず」の姿勢もあった。

昭和二十七年（一九五二）四月二十八日から今日まで（平成二十七年九月まで）ということになるのだが）の戦史・戦記に関する書の内訳（前述の座標軸）を見ていくと、そこに一定の法則があることが発見される。それを箇条書きにしてみると以下のようになる。

㈠　初めは佐官クラスの将校のうち師団司令部、軍司令部にいた者が書く戦争史が多い。
㈡　次いで将官クラスが著した戦史の俯瞰的な記録が刊行された。
㈢　佐官クラス、尉官クラスの者が、戦場ではどのような戦いを行ったかを語る（これはときに戦闘記録にもなる）。

(四) 尉官クラスの者は作戦指導に携った者より、戦場での記録を書く者も多い(大本営の参謀タイプより人間的な視点が抽出されるケースが多いのが特徴)。

(五) 下士官、一般兵士の戦場体験の著作は驚くほど少ない。

次のII図を見てわかるとおり、A(昭和二十七年四月二十八日を基点とする)からB(現在)への時間の流れの中で、戦史・戦記は数多く著されていったが、二等兵、一等兵などの実際に前線で戦わされる兵士たちの著作はBに達した今も数えるほどしかない。つまり日本の戦史・戦記には歪みがあり、その歪みとは兵士たちの記録がほとんど書物として著されていないということだ。

十年ほど前からになろうか、NHKが「兵士たちの証言」を意図的にとりあげることになって、少しは知られることになったが、なぜ兵士たちの貴重な体験は書物とされないできたのか。私たちの国は、戦争の実態を知ろうとはしないで、戦争をひとつの国家的プロジェクトとして捉え、高級将校たちの弁明の書を読んで、あたかも戦争の現実がわかったかのように擬似的な理解をしてきたといえるのではないか。

なぜ兵士たちの証言が少ないか。書として著されることは少なかったのか。これもまた以下に箇条書きにしておきたい。兵士たちの心情を理解する土壌は、この国には著しく欠けている

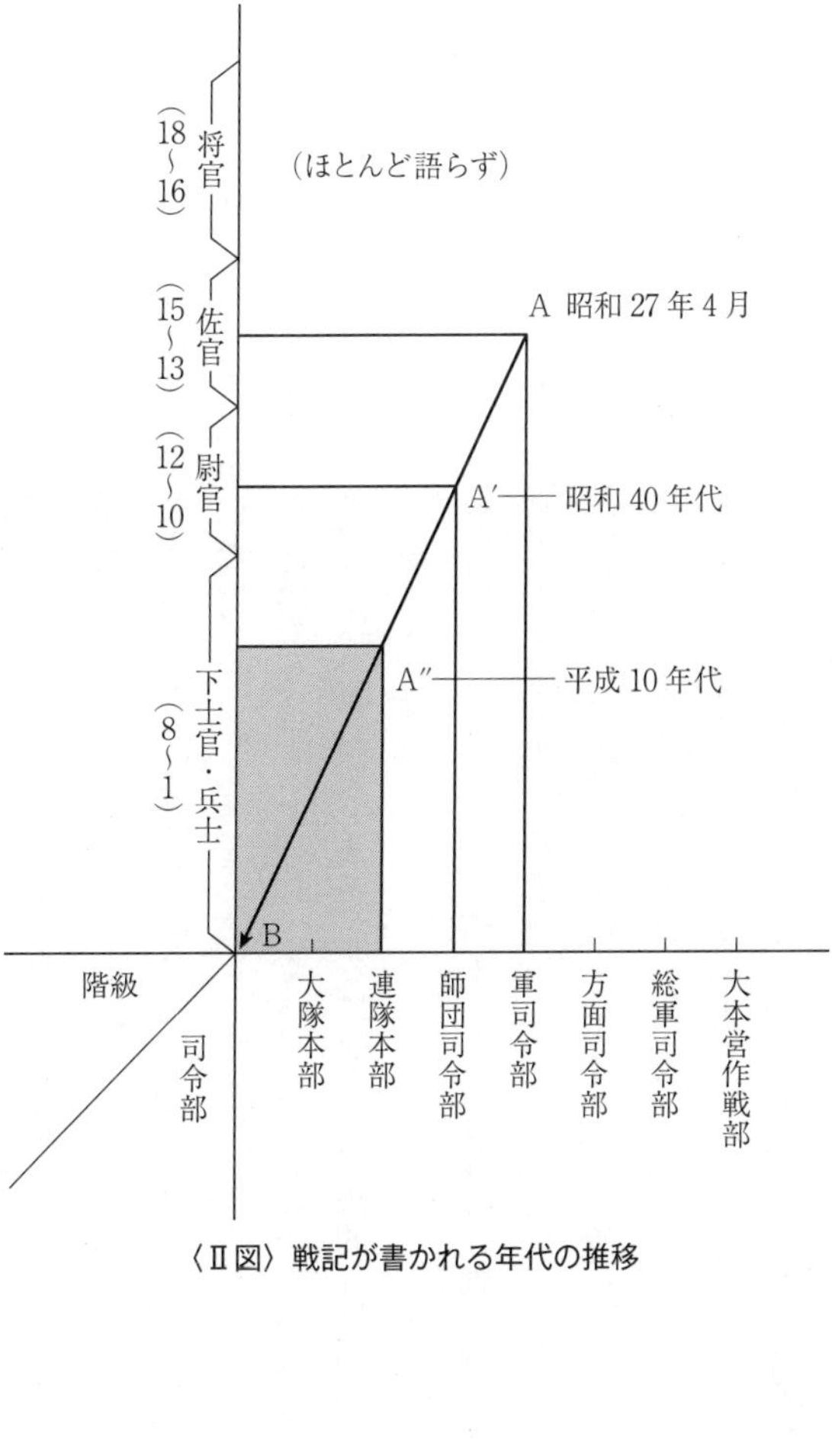

〈Ⅱ図〉戦記が書かれる年代の推移

というのが私の結論でもある。

㈠ 兵士たちは戦場では平時とは逆の倫理感や感覚で生きている。そのことを平時の折りに口にだして語ることに違和感を持っている。

㈡ 末端の兵士は戦後社会にあっては生活を維持することのほうが先決で、書を著すだけの時間的、経済的余裕を持っていない。

㈢ 兵士の体験記は商業出版では販売ベースにのりにくい。たとえ兵士が体験記を書いても刊行する社は少なかった（後年、自費出版のケースがあるにせよ、経済的負担が大きい。自分でタイプ印刷して書き残している人もいる）。

㈣ 兵士たちの体験記は参謀や将校に妨害される。つまり参謀たちの作戦計画がいかに非人間的だったかを兵士の手記は明らかにするからである。

㈤ 兵士の体験は大体が、作家が自らの体験を作品化することでその置かれた状況を代弁する形になっている。大岡昇平《おおおかしょうへい》の『レイテ戦記』などがそうである。

これらのことをまとめて改めて整理してみると、Ⅱ図のようになると思われる。この図が示しているように、戦後の日本社会にあって、戦争を語る書というのはきわめて偏頗《へんぱ》であり、そして戦争（戦場体験のことだが）を語ることに社会全体でブレーキをかけてきたといっていいであろう。

Aから A′、A′から A″へと時間は流れるが、A′は昭和四十年代、A″は平成十年代となるように思う。前述のように基礎的な史料(東京裁判時の証拠文書、原書房やみすず書房から刊行されている基本的な文献など)は、こういう流れよりも若干早めに刊行され、佐官、尉官、下士官、兵士たちが書物を著すときに参照する基本的な文献としてその骨格を支えていたといえるだろう。

もういちどⅡ図の座標軸を見てもらいたい。たとえばこの図を具体的に説明するために、太平洋戦争下のガダルカナル戦について考えてみたい。ガダルカナル戦は昭和十七年(一九四二)八月から翌十八年二月まで続いた戦闘だが、日本軍は太平洋戦争下で初めてアメリカ軍に徹底的に叩かれて緒戦の勢いを失なった。やがてアメリカ軍の本格的な反撃が始まる。この戦いの内実を分析していくと、大本営の参謀たちのあまりにも無責任な戦争指導が問われるのだが、ガダルカナル戦そのものは大本営参謀たちの戦史の中でふれられることが多かった。

昭和二十八年(一九五三)の服部《はっとり》卓四郎《たくしろう》による『大東亜戦争全史』や、やはり大本営参謀の井本熊男による昭和四十年(一九六五)の『ガ島決戦記・戦いの記録』などには、大本営参謀たちから見た戦闘の内容が語られている。といっても彼らにとってはこの戦闘自体は軍事上のひとつのプロジェクトであり、戦っている兵士たちの状況については驚くほど鈍麻であった。つまり大本営参謀にとっては作戦の成否こそが問題であり、表面上は兵士の運命にふれているにせよ、必ずしも実態に即して書かれているわけではない。いかに撤退作戦が首尾よくいったかなどを戦後も臆面もなく証言している姿は、その鈍さをよく物語っているのである。

ガダルカナルの兵士たち個々人がどれほど苛酷な状況に追いこまれていたかは、兵士自身は私家版などでしか書き残してはいない。それをいいことに大本営の作戦参謀たちの戦史・戦記は表面上は自省の言でこの作戦を総括するのだが、兵士たちの苦衷までは理解できていない。そこでⅡ図のA″Bの囲いの中にいる実際に戦闘を行った兵士たちのその苦衷の表現は作家が担当することになる。

ガダルカナル戦の実態は昭和五十年代に入って作家や新聞記者の戦史・戦記によって一般に知られていった。昭和五十年代には次のような作品が編まれた。戦場で戦った兵士たちの記録はないだけに、これらの作品が兵士の飢餓の状況を克明に知らせることになった。

▽『ガダルカナル戦記』　亀井宏《かめいひろし》(昭和五十五年)
▽『ガダルカナル』　五味川純平《ごみかわじゅんぺい》(昭和五十五年)
▽『ガダルカナル――新聞記者が語りつぐ戦争14』　読売新聞大阪社会部編(昭和五十七年)

▽『軍医のみたガダルカナル島戦』　長谷川英夫(昭和五十七年)

作家、新聞記者、軍医によって戦場の状況は初めて具体的に書かれたということだ。大本営参謀たちには決して見えなかった光景を、これらの著者は描きだしたということになる。私自身は昭和六十四年(一九八九)から平成の初めにかけて、ガダルカナル戦で最初に上陸して一晩で全滅した部隊(一木《いちき》支隊の先遣隊)について存命者(戦場で重傷を負い、アメリカ軍の捕虜となった)十人近くを取材し、『昭和陸軍の研究』という書の中でとりあげた。その折りにこの戦争の実態を証言する元兵士たちの体験を詳しく記述した。私は、兵士たちのあまりにも苛酷な運命に愕然とした。参謀たちの無責任な作戦の犠牲であった。

I図でいうタテ軸の二等兵や一等兵、そしてヨコ軸の大隊本部や連隊本部に位置する手記や回想録は、くり返すことになるがまったくなかったのである。

現在、ガダルカナル戦についてもっとも詳しい書は——つまり兵士の戦った姿を克明に伝えている書は、ということだが、前出の亀井宏の作品である。亀井は昭和九年(一九三四)の生まれで、いわば軍国少年世代である。亀井は作家としてガダルカナル戦を書こうと思ったのは、「たんにガダルカナル島をめぐっておこなわれた戦闘経過を記述するだけではなく、この島に集約された日本とアメリカのあらゆる相違点を見きわめたいということにあった」と記述している。

このほかに亀井は、日本軍の甘さやその体質的欠陥を、膨大な数の兵士たちに会うことによって容易に知ることができたと指摘している。たとえば次のようにである。

「日本軍には、アメリカのような徹底した戦争終末促進案は最初からなかった。ある程度の人的損害と植民地をうしなえば、相手は戦意を喪失するであろうと漠然と考えていた」

「ガダルカナル島に直接投入されたのは、北海道・旭川第二十八連隊(一個大隊)、北九州福岡・第百二十四連隊、仙台・第四連隊、新潟新発田《しばた》・第十六連隊、会津若松・第二十九連隊、静岡・第二百三十連隊、愛知岐阜・第二百二十八連隊および第二百二十九連隊の一部である。以上をみてもわかるように、小作農という半封建的な生産関係にしばられた零細農耕地帯の出身者によって構成された部隊がほとんどである。日本資本主義の二重構造の底辺であるこれら一部の地方は、現在(注・昭和五十年代初め)でも、いわゆる〝出稼ぎ〟労働力の供給地であるが、当時は、さらに帝国軍隊の尖兵の給源地だったのである。彼らは生真面目、寡黙、忍耐力、果敢などの特質を買われて、つねに激戦地へやられた。ガダルカナルで生き残った人たちも、その後、インパール作戦に送られて、そのほとんどが死んだ」

そのうえで亀井は、今の我々の繁栄は彼らの犠牲の上に成りたっているとの論こそ、彼らにとって非礼であるといい、「繁栄や高度成長など、本当のことだろうか。ガダルカナルで死んだ人たちの子孫は、今日はたしてその恩恵に充分浴しているだろうか」と続ける。つまり「彼らは、日本人が長い迷妄から覚醒するために、われわれの身替りとなって死んでいったのである」という亀井の結論に、私は全面的に納得している。

ガダルカナル戦で戦った兵士たちの非人間的空間での体験を、軍事指導者たちの、「あのプロジェクトに最初に兵力を動員するのをためらったのが敗因」などという論に対峙させる必要がある。兵士たちの証言は、兵士の生命など考えてもいないあの戦争指導の実態をはからずも浮かびあがらせるのであった。

Ⅰ図、Ⅱ図の座標軸にガダルカナル戦の戦史・戦記を位置づけただけでもこれだけの事実がわかってくる。戦後という時代空間の中のからくりが浮かびあがってくる。これは何もガダルカナル戦だけではない。ミッドウェー海戦、中部太平洋での多くの海戦、ニューギニア戦、ビルマ戦、インパール戦、さらにはレイテ戦、硫黄島戦、本土決戦第一号の沖縄戦……。すべての戦闘において兵士たちの証言が少ないか、いやほとんど語られないできている。つまり私たちの国は軍事指導者が企図したように「戦争」をまるでゲームのように扱い、戦闘で兵士たちがどのような苛酷な運命を強いられたかを知らないということになる。

そのような歴史的欠陥を知れば知るほど、大岡昇平、古山高麗雄《ふるやまこまお》、野間宏《のまひろし》、五味川純平、吉田満《よしだみつる》など、自らの体験を踏まえて、あるいは自らの見聞を土台に据えて戦闘体験を語り続けている作家たちは、戦記文学という名をもって兵士の代弁をしてきたのだと思う。

もしこうした作家がいなかったら、国民は師団本部、軍本部の佐官、将官クラス、あるいは東京・三宅坂の大本営陸軍部や海軍部の作戦参謀たちが机にむかって続けていた戦争というプロジェクトの、責任逃れの言のみを信じさせられたにちがいない。太平洋戦争の戦時下で初の玉砕となった昭和十八年(一九四三)五月のアッツ島守備隊二千六百人をとりあげた書を私のいう座標軸の中にあてはめてみても、こういう特徴が克明にわかるのだ。

アメリカなどの軍事学では、「全滅」というのは部隊の三分の一の兵士が戦死した状態を指すという。三分の一が死ぬということは、やはりそれだけの兵士が重軽傷を負っていることになる。さらに残りの兵士は肉体的には異常がなくても心理的に戦闘を続けられる状態ではない。それだけにひとまず部隊を解散して新たに編成し直すそうである。それが人間の心理を思いやる軍事学ということになるのであろう。

ところが日本では「全滅」というのは、まさに文字どおり最後の一人まで戦って死ぬ状態を指している。こんな無茶な作戦行動を進めた国は、第二次世界大戦のときは日本以外にない。

その最初がアッツ島の玉砕であった。それまで真珠湾の攻撃以来、日本軍の部隊が全滅したのは、前述のガダルカナル戦で先遣隊としてのりこんだ一木支隊の八百人余を含めて四回あった。ところが大本営はそういう作戦の失敗を隠蔽するために「玉砕」という語を用いて、責任逃れを図るようになった。アッツ島玉砕はその最初の例だったのである。

玉砕という語は、漢書(史書『北斉書《ほくせいしょ》』の一節「大丈夫寧可玉砕何能瓦全」)から採ったとされていて、「男子たる者、屋根の瓦のようにただ無為に存在するのではなく、その使命感に目ざめて玉となって散れ」の意味である。当初はアッツ島守備隊にも援軍を送ると約束していたのに、最終段階では送る兵力がないというので、大本営はその地で最後まで戦って死ねという命令を下している。いわば見捨てたのだ。このときの山崎守備隊は最終的には負傷兵も含めて玉砕するのだが、玉砕前夜の山崎保代《やまざきやすよ》支隊長の訓示はすさまじい内容であった。そこには「身体が砕け心臓が止ったら　魂をもって敵中に突撃せよ　全身全霊をもって皇軍の真価を顕現せよ」との一節があったという。

さてこの玉砕を、軍事指導者は「臣民の範」であるとして、「アッツ島の玉砕に続け」と国民に向けての宣伝活動を続ける。レコードがつくられ、兵士たちの死が賛えられる。昭和十八年(一九四三)八月からは相次いで『嗚呼熱田島』といったタイトルの書などが五冊も刊行される。国民はかくあれ、と賛えられるのである。

アッツ島玉砕に関しての著作を前述の座標軸にあてはめると、戦時下に山崎守備隊を賛える書が刊行されたが、戦後はいわゆる戦史書の中でふれられることはあっても、一冊の書として刊行されてはいない。もっともジャーナリストの筆で書かれたものがあるにせよ、兵士の苦悩はまったく描かれておらず、誰もを納得させる書とはいえない。

逆にアメリカ軍の兵士たちが書いた書が、日本でも翻訳されている。そこには、すでに立つこともできない負傷兵を含めて、鉄砲もないために日本刀をふりあげて、アメリカ軍の兵士たちが機関銃で構えている陣に、ひたすらなにやら不明の声をあげてむかってくる日本兵の姿が描かれている。アメリカ兵たちが「おまえたち捕虜になれ。無駄に死ぬな」と説得しているにもかかわらず突撃してくる。

アメリカ兵の手記には、不気味で、まるで狂気のようなその姿におぞましい感がしたと書いてもある。むしろ日本軍の兵士たちの最期の姿は、アメリカ兵の手記、回想録によって明らかになるのである。

私の描いた座標軸の中に、アッツ島玉砕についての書を組みこもうと思っても該当する書がなく作成できない。戦前の五冊はあまりにも一方的で、国策に利用されただけの内容であり、それを戦後の目で批判して改めてその全体図を俯瞰する書を刊行するだけの研究者も戦場体験者もいなかったのである。

このように個々の戦闘や戦場の様子を座標軸にあてはめてみると、太平洋戦争の戦闘は意外なほど検証されていないことに気づく。兵士の証言が語られてこなかったことが戦後社会の最大の歴史的欠陥だったということもわかってくる。

ここであえてふれておくが、将校・兵士たちの残された証言と記録を見てきて、たったひとつの教訓が確認できるのだ。それは職業として軍人を選んだ者は「死」を想定のうちとしなければならないはずなのに、将校たちは兵士に「戦死」を強要しながら、自分たちはひたすら生き残ることのみを考えている。私の説く教訓とは、戦争という軍事行為を自らの栄達の手段と考えて、兵士たちの生命を平気で利用するその人間的退廃の中にある。実は私のいう座標軸では、戦後の日本社会は将校たちが師団司令部や軍司令部、大本営作戦部にあって自らの体験を巧みに言い逃れたり、弁明したりする形を示すことにもなるのである。

この枠組みの戦史・戦記から解放されるための条件とは何か。答は、戦争を「兵士(庶民)の目で見る」というあたり前の次元に戻すことである。II図のAからBではなく、本来ならBからAへと向かうのが正常な形なのである。

第九章　昭和史と自然数
——他国との友好関係——

初めに基礎的な数学の話を持ちだすが、自然数という概念を習うのは小学生のときなのか、それとも中学生になってからなのか、私は定かには知らない。だが数学に関する初歩的な入門書にふれていると、この自然数は、たとえば「1を最小数として順に1ずつ足してできた数のこと」という。したがって自然数は無限である。本書でしばしば引用している『家庭の算数・数学百科』を見ると、さらに「自然数(正の整数)の中で、1と自分自身しか約数がない数を素数といい、1と自分自身以外にも約数がある数を合成数といいます」とある。

自然数
- 1……約数が一個
- 素数……約数が二個
- 合成数……約数が三個以上

もっとかみくだいていうなら、2は約数が1と2で素数、3は約数が1と3で素数、4は1・2・4の三個あるので合成数、5は1と5で素数、6は1・2・3・6の四個あり合成数、7は……と考えていくと、いずれにしろ自然数はこの三つに分けられるというのだ。

この自然数の枠内にある三つのパターンを知るにつけ、これは国と国の関係を示すたとえに使えるのではないかと考えてきた。

たとえば日本とアメリカ、日本と中国、日本とロシア、日本とイギリスなど、それぞれの国どうしの交流について、私は次のような考えをとってきた。

X国とY国の二つの国家間の関係は、三つの層を持つのではないか。次ページの図に示すが、Aは国家と国家の外交関係で、円滑なときも不穏なときもあるだろうが、とにかく政治家がつくりあげている国交状態を示す。Bは国民どうしの交流であり、ビジネス、観光、あるいは知友関係など相互の国の国民が交わっている層である。友好関係を望む人たちでもある。Cはほとんど相手国の人物を知らず、交流もなく、いわば感情的に相手国を見つめている層である。日本ではヘイトスピーチのような言辞を成す人であったり、中国であれば反日デモに出ないかと誘われ、デモに出るや日本系の企業を襲って物品を奪うような層である。

この三つの層がそれぞれの国家間の中に必ず存在する。

私は、対外関係というのはつまりはBの層を厚くすることが重要で、まずは人と人の友好的な関係を保ち、相互の文化や価値観を理解しあうことが望ましいと思う。AとAの友好関係は、外交という舞台で好転したり、悪化したりするのだが、そういう関係をバネとしてそれぞれの国のCの層は、暴力をふるったり、悪口雑言を並べたり、とにかく対立をあおって両国の関係を悪化させようとする層である。

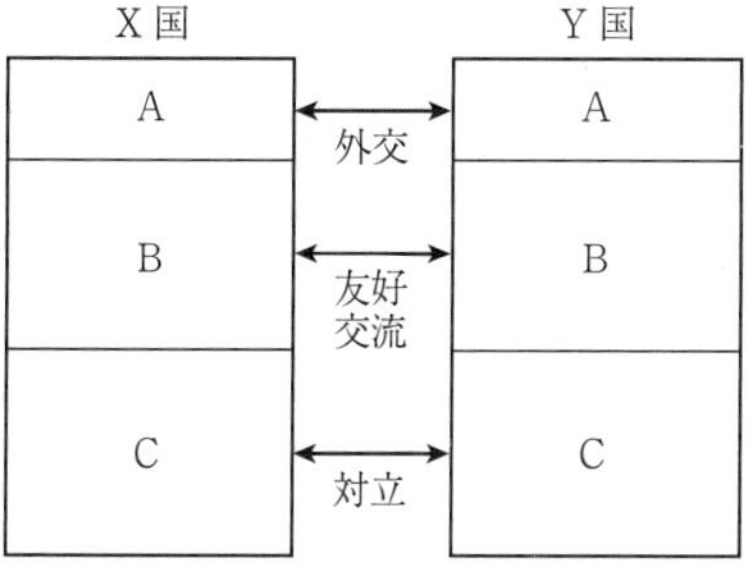

そこで自然数を「日本とある国との関係」という語に置き換えてみる。1という数字は、国と国の外交関係のみで、国民どうしの交流はほとんどない状態と考えられる。素数は国と国の関係に加えて国民と国民の関係がわずかだがあるとはいえ、個人的な交流はほとんどない表面上の関係である。

合成数はたとえば約数が三個から四個ある場合を例にとって、次のように考えてみたらどうだろうか。

次のページのI図は、国の言いなりになっている国民が大部分で、その対外感情は劣悪であり、太平洋戦争に入る直前の日本とアメリカの関係がこれにあたる。険悪化していく日米関係の中で、

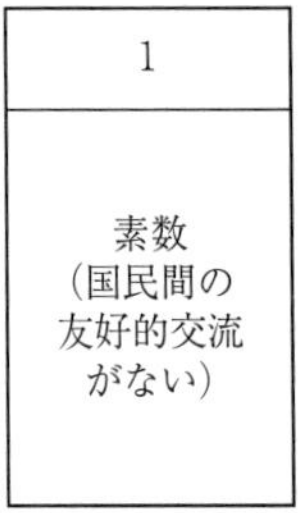

〈I図〉

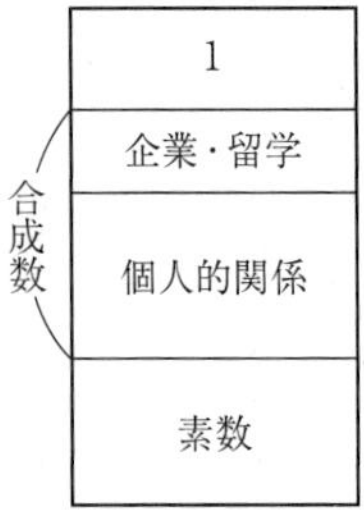

〈II図〉

国家は相手国の国民や社会との交流に干渉してきて、本来なら両者に生まれるであろう友好の感情を抑えようとするのである。II図は合成数をあらわしたもので、国民と国民の交流にはビジネスなどの公的な関係と私的な関係があり、庶民どうしの交流にも多様な形がある状態だ。

国家間の交流を「自然数」になぞらえて、昭和のある時代を見ていくと、私たちは多くの示唆を受ける。アメリカとの関係は、昭和初年代にはまだII図の関係でありえた。それが十年代に入ると一気にI図の形か、あるいは約数が一個の1の関係だけになってしまう。戦争という段階に進むときは、合成数の持つ多様性は失われていることを私たちは知っておくべきなのであろう。合成数という幅を大切にしなければならないとの意味にもなる。

前ページの図を見ていただきたい。たとえば日本とアメリカの近代の関係を考えるときに、Aの層（外交関係ということになるが）を俯瞰してみると、いうまでもなく当初はアメリカは確かに私たちの国の師でありえた。もともと日本が鎖国を解いて国際社会に入ることができたのは、嘉永六年(一八五三)のペリーの浦賀来航が機縁になっているし、ペリーは「開国の恩人」扱いされた。明治期には日本は岩倉使節団の訪米に見られるように、アメリカを通して多くの近代的知識を身につけた。

その日本に対して、アメリカが警戒心を抱くようになったのは、明治三七年(一九〇四)、三八年の日露戦争以後といっていいであろう。日本は軍事主導体制の国家として中国侵略への野望を顕わにし、さらに東南アジアへの進出のきっかけをつかもうとする動きを見せた。アメリカは強い警戒心を持つようになった。明治四十年(一九〇七)に日本は帝国国防方針を定めたが、陸軍は仮想敵国をロシアとし、海軍はアメリカを想定した。日本はアジアの権益をめぐっての衝突を想定するに至ったのである。

とはいえ日本海軍はアメリカ海軍とは友好的であり、相互の往来も続いた。日本政府もアメリカ政府とは友好関係にあった。しかし昭和六年(一九三一)九月の満州事変によって、日本の中国への侵略の意思が明らかになると、中国を支援するアメリカとの関係がしだいに崩れていった。

満州事変の前年のロンドン海軍軍縮条約で、日本は補助艦の対米英比率を七割近くに抑えられたのだが、これが海軍内の対米強硬派や民間右翼を刺激し、日本国内に排外的なナショナリズムを誕生させた。このころ(昭和七年)に『日米戦ふ可きか』(『世界知識』増刊)という本が刊行されていて、日本の識者二十人近くが日本とアメリカとの戦争の可能性を論じている。しかしこうした書は、タイトルこそセンセーショナルだがその内容はきわめて実証的で、日本にとってアメリカとの戦争は死活問題であり、存亡がかかった戦いになるだろうが、アメリカにとっては軍事費の一部をさくだけのものだという冷静な見方が語られていた。このような知性的な見方とは別に、軍内の対米強硬派や国粋主義者の中には、アメリカとの戦争は避けられないとの感情論をぶつ者もあった。

昭和十年代に入ると日本は中国へ一方的に侵略を始め、日独伊防共協定(のちの三国同盟)を締結するに及んで、日米関係はますます険悪になった。そして昭和十六年(一九四一)四月からはその関係を打開するための日米交渉が始まり、この交渉の中で日本の錯誤や思いあがりが明らかになっていくのである。

これが昭和前期までの日本とアメリカとの国家間の交流の歴史であった。

日本とアメリカの交流史を見ていくと、こうした国家間の交渉とは別に、アメリカに対する素朴な感情は国民の間に根強く存在した。とくに大正期から昭和にかけては、アメリカ文化(映画、レコードなど)が急速に日本に入ってきて、そうした先進性へのあこがれがあった。

昭和七年六月に全権大使として日本に赴任したアメリカの外交官ジョセフ・C・グルーは、その後十年間、日本に滞在するが、その間の日記(邦訳『滞日十年』)には日本人との交流が丹念に綴られている。とくに宮中関係者や外交関係者との交流は、国家的な関係を別にして人間的な信頼感の伴ったつきあいでもあった。グルーは昭和九年四月二十二日の日記に、ペリーが日本との条約に調印した八十年記念日の式典に参加するため、下田に赴いたときのことを綴っている。グルー夫人アリスはペリーの縁戚でもあり、こうした式典は楽しみだったというのである。

柿崎でアメリカ水兵の墓地に参拝し、そこから日本人の軍人の案内で下田まで自動車でむかった。その間のことをグルーは日記に次のように書いている。

「われわれは下田までの一マイルほどを自動車で行ったが、路の両側には小学校の子供が、男の子も女の子も何百人とならび、ほとんど切れ目がなかった。この子供達は遠くは名古屋を含む都会や町村からやってきたので、それぞれ日米両国旗を振りながら声をかぎりに万歳を叫んだが、その熱誠さは決してしいられたものではない。これまた本当に感動的だった」

グルー夫妻の目は、日本の庶民が健気に日米の旗を振る姿の中に真の友好があることを見抜いていたことになる。

日中戦争後、グルーは日本の軍部の「暴力」を徹底して批判している。日記には次のような表現もあった。

「国内で権力を占めることをさまたげられた軍の極端分子は、日本を中国における大規模な戦争に引きずりこんだ。この戦争は単に国民を極端分子の支持に馳せ参ぜしめたばかりでなく、全国を世界的に広汎な軍事的冒険に投げ込んだ」

また、日本とアメリカとの関係が悪化していくことを、有田八郎外務大臣との対話を通して紹介している(昭和十三年十一月七日)。

「有田氏は、以前彼が外務大臣だった時、日本人の米国に対する態度は特に友情的であり、今日でもそれは同じだが、一方米国人の対日態度は、中国で起った事柄が原因して随分変った。日本の新聞に出ている昨今の論評を読んで、これに関する日本国民の現在の態度を理解されたことと思う。新外相は国内の意見を考慮して、ゆっくりと、『大いなる尊重』を以て進まねばならぬというのである」

有田も、アメリカ国内の対日世論が悪化しているのは日中戦争のためだと理解していて、むしろ日本人の側がそのことを理解していないのではないかとにおわせたのである。グルーは、日本の軍部が日本人を迷走と混乱の世界に引きずりこんでいるのであり、日本人はそれに引きずられる形で反米的になっていると考えているのである。逆にアメリカ人は、もともと日本よりは中国に同情を寄せていて、日本が日中戦争をどのような論を用いて正当化しようとも、「戦っている地は中国ではないか」との一言で日本の言い分をはねつけることができるとしている。

太平洋戦争開戦前は、日米の国民間には合成数のような多面的な交流があったのに、しだいに「1」になっていったということである。つまり国民間の全体的な交流はもともと少なかったが、それが断ち切られる形になり、A層のみの関係になっていったといえる。1という、自身以外では約分のできない自然数、それが当時の日本という国家であった。

戦争に入るというのは、政治権力のみが相手国と交渉、あるいは対立する状態になることで、そこでは素数や合成数はなくなるという意味にもなるのではないか。素数としての発想、合成数としての重層的見方は、とうに失われてしまっているといえるのではないか。

日本と中国の交流、あるいはその結びつきを、再び三つの層で考えてみたい。この三つの層とは、次のページの図のようにやはりABC層を指すわけだが、昭和という時代の日本と中国の関係を見ていくと、いろいろなことがわかってくる。とくに太平洋戦争が終わったあとの日中関係はかなりいりくんでいて、東西冷戦下では日本は中国とではなく台湾と国交を結ぶなど、西側陣営のアメリカの方針に重ね合わせる国策のみでひたすらに進んできた。

そういう認識をもとに、中国との関係においてはこの三層がどのような役割を持っていたか、あるいは自然数の中の「1」や素数、合成数という三つのパターンがどう機能していたのかを考えてみたい。すると文章で見る、あるいは写真などで確認する日中関係とは異なった視点が浮かびあがる。

もう十年ほど前になるが、北京に赴いたときに中国人の友人がささやかな宴を開いてくれたことがある。その友人と親しい中国人、日本人七、八人が集まった。実業家、ジャーナリスト、そして中国で企業を営む日本人らである。そのうちの一人の日本人は三十代で、中国企業で働く日本人の人材あっせんや権利保護にとりくんでいて、「自分はたぶん一生中国に住むことになるはずです」と話していた。

宴たけなわになって、真の日中友好とはどういうことだろうか、といった話題になった。この宴は、B層の民間交流の典型的な例であり、三つか四つの約数を持つ合成数という視点で話し合いができる。そこで、三十代のその日本人が、次のような話をした。ここに重要な意味があると私は思った。

「今、小学校三年生の息子がいて、現地の公立学校に通っているんです。あるとき担任の教師が、電話をかけてきて、明日あなたのお子さんは学校を休ませたほうがいい、授業の中で南京虐殺の話をするので……と言われたんです。日本人の子供は辛い思いをするのではと心配しての忠告です。私は断りました。いえ休ませません。息子がどんな思いをしようが、それは現実に起こったことであり、日本人としてそれを受けいれなければならないからです。ご心配はいりません」

教師は諒解したという。むしろ日本人の子供が教室にいるからといって、遠慮したような言い方はしないでほしい、と注文をつけたそうだ。

翌日から三日間ほど息子は毎日泣いて帰ってきたという。中国人の友人に責められもしたようだ。父親として、彼は息子に「仕方がない。かつて日本人は中国人にひどいことをしたのだから……」と言った。息子はうなずいて学校に通った。四日目になって、息子はまた友達と遊び回る生活に戻り、日本人・中国人の枠を離れての級友となった。つまり子供たちの間で話し合いがあったのだ。このような歴史を二度とくり返さないとの諒解に至ったのだという。

私はこの日本人実業家に、「あなたはそういう姿勢を貫くのにどれだけの時間がかかりましたか」と尋ねた。彼は屈託なく言った。
「過去の歴史に目をつぶっての友好なんかありませんよ。私自身、中国に留学して多くの史実を客観的に確認しました。ある世代が犯した誤ちを次の世代、その次の世代が背負うのは当然でしょう。息子も大人になったらわかりますよ」

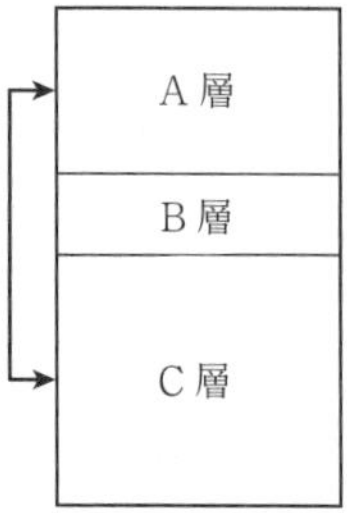

この話はある真実を衝いている。ある世代の誤ちを歴史的に引きずるのは仕方がない、それを経なければ真の友好は成立しないというのが原則である。それにしても、というべきだが、彼の息子の小学校三年生はこの授業を通してどのようなことを理解しただろうか。自分が中国人の級友に責められたことへの憤りはあったろうが、なぜ日本兵はそんな蛮行を働いたのかを考えるきっかけにはなったと思われる。

もういちど三層の図を思いだしてもらいたいのだが、昭和六年九月の満州事変以来、この三層は次のようになったと思う。A層の掲げた「暴支膺懲《ぼうしようちょう》」というスローガンが、Cの庶民の間でとりたてて疑問に思われるわけでなく、AとC、つまり国家指導者と一般庶民の間に強い結びつきが生まれ、Bの中国との友好を意図している人びと、そして現実に中国人との間で友好関係を維持している層は極端に肩身の狭い思いをすることになった。やがてこのB層の人びとは沈黙を強いられるか、日本社会の中でほとんど存在が知られないようにふるまわなければならなくなった。

私はそういう人びとを何人か探しあてて、存命している場合は話を聞いたりもした。たとえば明治四十四年(一九一一)の辛亥《しんがい》革命時に孫文《そんぶん》と協力した人たち(たとえば宮崎滔天《とうてん》の兄弟や山田良政《よしまさ》・純三郎《じゅんざぶろう》兄弟など)が、満州事変後にどれだけ辛い思いをしたのかはよくわかった。もっとも辛亥革命に協力した日本人は百四十六人(張玉法『清季的革命団体』より)といわれているが、中には政府の軍事政策に呼応して大陸浪人のような形で中国侵略する手引きのような役を果たす者もあった。つまりB層にいたにもかかわらずC層に堕したり、A層の先導役を果たす者もあった。

日本人と中国人の友好関係はいかにあるべきかといえば、両国政府(A層)の間に友好の基本姿勢ができていて、B層の幅が厚くなり、合成数の形ができあがっていくことが前提になる。そして互いに反感を募らせるC層が極端なほど少数になっていくことが望ましいといえるだろう。そのような理想形をつくるために、私たちは歴史認識の相違をどのようにのりこえるかが鍵になる。

相互の間にまだ理解が確立しないために、その理想形が今に至るもゆきつ戻りつして形をつくっていないといえる。

私たちが知っておかなければならないこととして、中国人の日本に対するイメージはどういうものか、そのことを理解したうえで友好をどう考えるべきかを指摘しておきたいと思う。

私が、北京にある中国社会科学院日本研究所が初めて実施した「中日世論調査」の結果を入手したのは二〇〇二年のことである。この結果は、二十一世紀の日中関係のあり方を示すことになったのだが、結論をいえば中国人が日本に対して「非常に親しみを感じる」「親しみを感じる」という二つの回答の合計はわずか五・九%にすぎなかった。「親しみを感じない」「まったく親しみを感じない」は計四三・三%、「普通」という答は四七・六%であった。三・二%の人は「わからない」であった。

この結果に、私は驚きを持った。中国人の半数近くは日本に対して親しみを感じていないのである。

中国社会科学院日本研究所のこの調査は、戦前戦後を通じても初めての大がかりなものであった。二〇〇二年は日中国交回復三十周年であり、それを記念して行われたのと、二十一世紀の両国の関係を確認するための調査でもあった。二〇〇二年九月から十月の間に三千四百人の中国人を対象に行われ、三千百五十七人が回答した。

調査範囲は北京、上海、天津のほか、黒龍江、山西、甘粛、河南、江蘇、湖北、広東、海南などの省、そのほか重慶、河北、内モンゴルなど二二〇の地域に及んでいる。寧夏、貴州、チベットなどでは行われなかった。

調査対象も最年少者が九歳、最年長者が八十七歳に及んでいて、二十歳以下は一六・九％、二十代は三一・九％、三十代は二三・二％、四十代は一八・七％、五十代は五・三％、六十代は二・三％で七十一歳以上は一・七％、年代別ではバランスがとれている。

学歴別、職業別にも各層の人びとに話を聞いていて、大学卒以上が六〇・八％、会社員が一九・二％、学生が一八・八％となり、収入別では月給千元以下が五一・八％、千一元から二千元が三四・一％となっている。

つまりこの調査は中国社会の知識人層を対象にしていて、日中関係の将来を占うことができるほどの意味のある調査である。質問項目も多岐にわたるのだが、三層に図形化した場合にわかりやすいように、幾つかの問いをまずは紹介したい。

①「日本に親近感を感じないのはなぜか」
②「日本は再び軍国主義の道を歩むと思うか」
③「日本首相の靖国参拝をどう考えるか」

この三つの質問に対する答をまずは見てみよう。①については、「日本は近代で中国を侵略したことがあり、現在までまだよく反省していない」(六三・八%)、「日本はアメリカと軍事同盟を結び、中国の安全に脅威を与える」(一〇・八%)という結果である。

②は「心配がある」(六〇・四%)、「心配しない」(二七・八%)となっている。これは二〇〇二年当時であり、推測するに二〇一五年現在の状況で調査すると「心配がある」と答える人の割合はもっとはねあがり、「心配しない」はその分だけ少なくなっているのではと思われる。ただ「心配しない」という回答の中には、「もし日本が軍国主義を復活させたら、かつてのような状況にはならずに壊滅させる」といった内容の添え書きもあったというのだ。中国の軍事力に対する自負なのかもしれない。

そして③の靖国参拝についてである。この回答は以下のようになっている。

「日本の内政であり、参拝できる」(四・六%)

「日本が侵略した国に謝罪した後、参拝できる」(一二・三%)

「東條英機などのA級戦犯の位牌を移した後(注・合祀から外すの意味)、参拝できる」(一九・三%)

「いかなる状況でも参拝できない」(五〇・九%)

「その他」(一・八%)

「わからない、あるいは無回答」(一一・一%)

こう見てくると靖国参拝は許されないという人が多いながらも、必ずしも回答は一本化しているわけではない。

中国国民の日本に対するイメージは確かに良好とはいえないが、しかしその日本像は必ずしもひとつの型としてまとまっているわけではない。つまりその形はA層の関係に限らずB層の幅が一定の割合で広がっているともいえるし、合成数の形をとっているといえるように思う。

さらにこの調査は、日本に対して「非常に親しみを感じる」「親しみを感じる」グループは五・九%だが、この理由は、「日本に留学したことがあり、多くの優しい日本人と付き合った」「日本に留学したことがあり、日本人の友人がいる」という具合に、日本や日本人を直接に知っている人の間では、好感度が高くなっている。つまりこの五・九%はほとんど、日本に来たことがあり、日本人と接したことがあるという意味になる。B層の幅を広くし、相互理解を深めるには、とにかく交流の幅を広くして友人になることが重要ではないかというのが結論になるだろう。

つけ加えておけば、この調査には「中日関係を二十一世紀に健全かつ安定的に発展させるために、あなたは以下のどれが重要だと思うか(三項目まで)」との問いもある。もっとも多いのは「経済貿易」(四六・八%)、次いで「歴史問題」(四六・〇%)、「科学技術提携」(三四・八%)、「文化交流」(三〇・三%)、「台湾問題」(二五・八%)、「首脳外交」(二三・七%)となっている。あとは「青年交流」「国土問題」「国際事務での協力」となるのだが、これは二〇一五年のいま改めて調査すると大きく変わっていると思う。

日本と中国の関係は、経済や歴史が大きな問題となる時代がやはり二十一世紀にも続くということであろう。前述したが、小学生の世代の日本人が、中国人の間で共に育ちながらこうした問題を丁寧に解決していく以外に、真の友好関係を築くことはできないと言えるのかもしれない。この姿勢が将来のサンプルになりうるのではないかと、私には思えるのである。

数学上で言うと、方程式の中には「解が存在しない」場合がある。方程式〈$0x=1$〉には解が存在しないのだが、その場合は「不能」とか「非可解」という語を用いるそうである。日中関係の方程式の中に意図的に0《ゼロ》を持ちこむ双方の国のC層は論外にしても、少なくとも政治指導者レベルのA層に0《ゼロ》を持ちこむような人物が存在するならば、両者の関係は互いに不幸な方向に歪んでしまうことになりかねないと考えておくことも大切だ。

この三つの層は、アメリカ、中国だけでなく、韓国やロシアにも当てはめてみるべきだろう。その吟味の過程に私たちの国際的な視点が試されている。

第十章　昭和史と平面座標

——昭和天皇の戦争責任——

昭和史の講演を続けているのだが、ときおり「昭和天皇に戦争責任があると思いますか」といった質問を受ける。このような質問を受けたときに、私はあまりはっきりとは答えない。とくに時間に制限があるときは、説明がむずかしくなるので、と大まかな答を返す。

昭和史に関して、あまり実態を知らない人の質問は幾つかある。そのひとつが、この「昭和天皇に戦争責任があるか」といった問いである。ほかにこうした質問を並べてみると、「日本が他国から攻められたらどうするんですか。その点どう考えますか」、「特攻隊員の死によって今日の日本の繁栄があると思うが、いかがでしょうか」などがすぐに浮かぶ。

二番目の質問に対して私は、「過去の戦争でいきなり理由もなく、ある国から攻撃を受けるケースはあっただろうか。そこには必ずそのような選択にいきつくプロセスがある。軍事史の書には、友好関係が崩れ、実際に武力行為の発動に至るには外交関係断絶など十を越える段階を経てからとあるし、折り折りの段階に政治的、外交的なさまざまな対立がある。それをいかに解決するかを検証しないで、『他国から攻められたらどうするのか』は、質問自体が成りたたない」と答える。

特攻作戦を国家のシステムとして採用した国は、第二次世界大戦では日本だけである。「十死零生《じっしれいしょう》(生の確率がゼロという意味)」という作戦は何を意味したのか、日本にはどうしてバランスのとれた軍事学が育たなかったのか、そのような検証をしないである断面を切りとって質問するということがいかに無意味であり、非礼なのか、私はやんわりとそう答えるようにしているのである。

天皇に戦争責任はあるか、という問いも、現実に考えれば「責任はある」と考える以外にないく、それはあたり前のことである。なにより昭和天皇自身もそう考えていたのだから、私たちにとっては天皇がそう考える理由を確認するのがより重要となる。

すでに幾つかの稿でも書いたことがあるのだが、私は、天皇の戦争責任について考えるには「平面座標」という、数学上の図形を用いるのがわかりやすいと思う。二次元の座標という形をもとに考えていくのである。

たとえばI図は、昭和天皇が自らの戦争責任についてどのような考えを持っていたか、それを想定した図である。この図の中に、私(保阪)が、昭和天皇は自らの戦争責任をどのように考えていたか、あらゆる史料を分析して記入するのである。そういう試みを行うことで天皇の責任を考えてみるのである。私なりに昭和天皇の戦争責任を考えた図は後に示すが、もともと「戦争責任」という語自体に、曖昧さと不透明さが宿っているのは事実であり、それを可視化しようという意図がこの平面座標にはある。

戦争＼責任	法律的	政治的	歴史的	道義的	社会的
臣民の生命を危機に陥れた					
臣民に犠牲を強いた					
終　戦					
敗　戦					
継　戦					
開　戦					

〈I図〉昭和天皇の「戦争責任」

　I図を説明するまえに、昭和天皇と太平洋戦争の関わりを正確に理解しておく必要がある。

　私は、昭和天皇が天皇制という制度上においてではなく、一君主としてどのような考えを持っていたかを確認するためには四つのアプローチがあると考える。その四つを大まかに説明するが、その一は、昭和天皇が太平洋戦争前後に発した勅語を正確に読み抜くことである。

　たとえば開戦詔書が作成される折りに下僚《かりょう》が持っ

てきた原案に、天皇はどのような言葉を加えたかを知る必要がある。天皇はこの開戦が自らの意思に反するとの一語(「豈朕《あにちん》ガ志ナラムヤ」といった表現)を加えて、歴史に意思を残している。

終戦詔書にしても天皇の意思が刻まれていることを知っておく必要がある。

その二は、側近たちの回顧録、回想記、あるいは手記や日記を読みこなすことである。侍従長、侍従、宮内省幹部の著作や、いうまでもなく『木戸幸一日記』や『西園寺公と政局』のような重要なレベルまで幅広いが、それらを読みこなすことによって天皇の実像に迫ることができる。

この場合、注意しておかなければならないのは、天皇はきわめて律義な性格であり、上奏に訪れる者の立ち場に応じて発言を使い分けていることである。侍従長と侍従武官長、さらには内大臣と宮内大臣などには、彼らの権能にもとづいて発言内容のレベルが異なっているし、ときに逆のことを言っている。

戦時下にあっては、内大臣や侍従長に和平工作の方向を目ざすよう説いているにもかかわらず、侍従武官長には逆に戦況に対する不満をくり返すといった形になっている。明らかに矛盾しているのだが、天皇はそれぞれのポジションに応じて発言しているのであり、天皇自身も、この国の主権者としての立ち場と、大元帥として軍の統帥を握っている立ち場の、二つの地位を使い分けていることになる。

こうした微妙な心理も理解すべきなのである。

その三は、御製《ぎょせい》(和歌)にふれることである。存命中に天皇は一万首の和歌を詠んだといわれるが、現在のところ公表されているのは八百首余である。この八百首(昭和十九年までは歌会《うたかい》始《はじめ》の一首だけ、昭和二十年からは年に十数首から四十首ほどが一般に公開されている)を丹念に読みこむと、そこから天皇の心情が汲みとれる。

昭和二十二年(一九四七)の行幸時に詠んだ和歌として、次の一首がある。

老人《おいびと》をわかき田子らのたすけあひていそしむすがたたふとしとみし

こういう和歌に託されている天皇の真意をどう読むか、それが天皇の心情を理解する鍵になると思う。私はこうした和歌に、戦争から戻った若者と老いた両親とが共に畑に出て働いている姿を見た天皇の、戦争への心からの自省が宿っているように思う。

その四は、宮内記者会との記者会見時の内容を確かめることである。新聞などに報道されるときは質問と答が短く紹介されるだけなのだが、実は会見に出席している記者たちのメモによれば、それほどスムースに問いと答がやりとりされていたわけではない。私は、こうしたメモを共同通信で皇室を長年にわたって取材してきた高橋紘《たかはしひろし》氏（故人）に見せてもらっていたのだが、質疑応答の実態を知ってなんども驚かされた。

記者会が、たとえば「陛下、在位六十年にあたってもっとも印象に残っているのはどういうことですか」と質《たず》ねると、天皇は十秒ほどの沈黙のあとに、やっと「それはですね」と口を開き、またしばらく間を置く。

「やはりあの大戦ですね」

とつぶやくように洩らす。そして戦争についての自省を語っていく。

こうした会見の実態を知ると、紙上で報じられている質疑応答は文字どおり言葉だけで、その心情は報道されていないことに気づくのである。このことは重要な意味を持っていると、私は思う。会見には天皇の苦衷がそのままあらわれているということである。

これらの四つのアプローチのほかに、さらにあえてその五として、『昭和天皇実録』（以下、実録）の刊行をとりあげたい。この実録は、宮内庁が二十四年五カ月をかけて編んだもので、全六十一巻、約一万二千頁に及ぶ膨大な書である。いわばこれは「史料の宝庫」といわれるくらい、重要な史実が眠っている。宮内庁書陵《しょりょう》部は、編集にあたり、「ありのまま叙述」「皇室全般あるいは政治・社会・文化及び外交等についても、天皇との関わりを中心に、適宜これを記述する」という方針を採っているために、戦前にあっては国家の主権者、戦後にあっては象徴といった天皇の役割がみごとに説明されている。その説明のために用いられた史料は総数で三千百五十二点、これまで用いられていない史料も四十点から五十点(主に宮中の内部文書)あり、天皇の実像はより鮮明になったといえる。

しかし、ここに描かれている天皇像は、国家として、君主の姿をその在位期間に限りどのように記述し、次代に伝えるかといった思惑のもとでの姿である。本来なら国家主義的になりがちだが、その弊を排して、「ありのまま」に描かれているというのは事実であり、その執筆態度は賞賛に値する。

ただ天皇の心情にふれていないので、その点の読みぬきは読み手に一任されている。この実録は、これまで私も記してきたのだが、こと太平洋戦争に関しては、天皇は「戦いたくない」という心情を強く持っていたとの立ち場を明確にする。天皇は、戦争という選択肢で事態は解決するのかとの思いを強く持っていた。しかし最終的に戦争という状態に入っていく。そこのところを解明するために実録は多くの史料を使って説明している。こうした記述こそ「昭和の教訓」となっているといっていいであろう。

以上のような理解をもとに天皇の戦争責任を考えてみるといい。さらに断っておくと、昭和天皇に「戦争責任はあるか」という問いには、質問者の幾つかの政治的、歴史的計算が見え隠れしていることにならないか。つまり本章の冒頭に記した部分に戻るのだが、ここには重要な落とし穴があるのではないかということである。それをわかりやすく箇条書きにしておこう。

㈠ 天皇に戦争責任はある。この場合の戦争責任とは一般的にという意味での責任がある、ということを否定すること自体、天皇に非礼である。

㈡ 一方で、天皇に責任があるという抽象的な意味での責任論は、かなり計算ずくでもある。つまり天皇制廃止の思惑をこめての論と重なりあい、廃止に至るプロセスの入口にある責任論である。

㈢ 天皇自身が昭和五十年代に戦争責任を問われたことがあるが、「そういう言葉のアヤについては、私はそういう文学方面はあまり研究もしてないで、よくわかりませんから、そういう問題についてはお答えができかねます」という答を返した。その意味について考え吟味する必要がある。

㈣ 戦争責任を問う外国からの声は大きく、そのために戦後の皇室外交は実際は皇太子夫妻が担うことになった。

㈤ 天皇に戦争責任はあるというのが一般的な理解になっているが、ではそれは具体的にどのような内容が伴うのか、その点について充分な検証は行われてこなかった。

この五点を踏まえたうえで、天皇の戦争責任を論じるべきではないか、というのが私の考えである。私はそうしたプロセスを経てひとつの表(平面座標)を作成した。それが先のI図である。もっともこの平面座標というのは、これほど細かくなくてもかまわないのだが、しかし天皇の胸中を前述の四つの方法(それに実録を加えて五つといってもいいが)で検証していくと、これくらい詳細でなければならないともいえる。

タテ軸には「戦争責任」の「戦争」をより精緻《せいち》に分解した語を並べる。ヨコ軸では「責任」という語を分解させるのだ。それは以下のようになると、私は考えている。

〈戦争〉

開戦／継戦(戦争を続けるか否か)／敗戦／終戦／臣民に犠牲を強いた／臣民の生命を危機に陥れた／など。

〈責任〉

法律的／政治的／歴史的／道義的／社会的／など。

この座標は私の見立てであり、適確か否かの評価は人によりさまざまあろう。戦争にしても責任にしても、これほどはっきりと分けてしまうとむしろその実態はかなり曖昧になってしまう、つまり天皇に「戦争責任はない」と言いたいのではないかとの疑問を発する人もでてくるだろう。だがあえていえば、こう分解することによって、戦争責任を負うべき主体が明確になってくると思う。

軍事指導者や政治指導者が、天皇の名を利用して、あるいはその陰に隠れてどれだけの不始末、不手際を働いていたか、それを導きだすために、あるいは国民(臣民)もまた天皇に責任を押しつけることで自分たちの加害責任をどれほど曖昧にしてきたか、その点を整理するためにこのような形を用いて、太平洋戦争を考えるべきであろう。II図は、「天皇はどのように自らの責任を自覚していたのか」を、私(保阪)が先の四つの方法に実録を加えた五つのアプローチで検証してみた図である。

○というのは、天皇自身が「戦争の責任」を自覚しているという意味であり、△はその責任については自覚していない、あるいはないと考えているとの意味である。

戦争＼責任	法律的	政治的	歴史的	道義的	社会的
臣民の生命を危機に陥れた	△	△	―	○	○
臣民に犠牲を強いた	△	△	―	○	○
終戦	△	△	○	○	△
敗戦	△	△	○	△	△
継戦	△	△	○	○	△
開戦	△	△	○	△	△

○＝戦争責任を自覚
△＝戦争責任に無自覚，あるいは責任なし

〈II図〉昭和天皇が考えていたと思われる戦争責任(保阪案)

この図を説明していくと、以下のようになる。

法律的責任については、天皇は大日本帝国憲法では主権者として統治権、統帥権の総攬者《そうらんしゃ》ではあるが、その大権は臣下の者に付与していて責任は問われない。天皇もまたそう考えている。さらに極東国際軍事裁判(東京裁判)においても免責となり、国際法的にも問われない。それですべての項目で、その責任をとくに感じていないということになる。

次いで政治的責任については、天皇は一貫して「立憲君主制」を貫いてきたと発言していた。「君臨すれど統治せず」という意味である。臣下の者に大権を付与していて、その代わりに彼らが上げてくる国策全般をすべて裁可する。しかし政治的な責任(退位など)はとらない。それが鉄則である。したがって政治的にも責任は自覚していない。だが「終戦」だけは、早めに戦争を終わらせたいと御前会議で二度(昭和二十年八月九日と十四日)にわたりその意思を明確にし、統治の姿勢を示した。

天皇にすれば、臣下の者(この場合は鈴木貫太郎首相)から「御聖断を」と意見を求められ、その意思を示したのであり、それは政治的責任とはまったく別の次元での話と考えたのであろう。政治的責任を自覚していたならば、その意思はもっと早い機会に示し、決断していたと思われる。

歴史的責任について、これは天皇自身が「皇祖《こうそ》皇宗《こうそう》(天皇の祖先)」に対してどのような責任を感じていたかだが、開戦の責任と敗戦の責任を含めて戦争に関わる史実に関しては、強い自責の念を持っていたという意味である。天皇にとって重要な責務は百二十四代続いた皇統を守ることである。よく、天皇は平和主義者か好戦主義者か、といった質問が発せられるが、それは質問自体が間違っている。天皇はそのどちらでもなく、皇統を守ることが第一の責務であり、戦争か平和かというのはそのための「手段」と考えていたのである。

皇統を守るために(つまりこの国が存立していくために)と、軍事指導者たちは脅しをかけて戦争という道に入っていくべきだと説いた。天皇はそれを受けいれて戦争の道に進んだが、まもなくこの道は敗れれば皇統が絶える道だと気づいた。よしんば勝ったとしても皇統の持続が可能という保障はなかったのである。

いささか俗な表現になるが、天皇は戦争を始めてみて「しまった!」と気づいたはずである。神武天皇以来の皇祖皇宗にどのように申し開きをしようか、そう考えると居ても立ってもいられなくなり、ときに自らの不安や愚痴を戦争に直接に関わりのない侍従や侍従武官に洩らしているのである(昭和十七年十二月、「小《お》倉庫次《ぐらくらじ》侍従日記」に記述されている)。この皇祖皇宗に申しわけないというのは、直接には国民に関わりのないことであり、この部分は○も△もつけることはできない、というのが私の考えである。それゆえに保留という形になる。道義的責任というのは、天皇は国民(臣民)に対して戦争という手段を選択したことを悔いている節があった。そのことはやはり御製を読んでみるのがもっともわかりやすいのだが、昭和十七年(一九四二)の歌会始の御製は次の一首である。

　峰つづきおほふむら雲ふく風のはやくはらへとただいのるなり

この歌の意味は、「連峰をおおう群雲を見て、吹く風よ早く払えとただ祈っている」となる。真珠湾攻撃による開戦から一カ月余、このような戦《いくさ》が早く終わればいいとの心情を詠んでいる。天皇の心底にある感情を理解していくと、「はやくはらへ」からは、戦が終わってほしいとの願望が読みとれる。

天皇が開戦後の戦を止めることができなかったこと、そこに国民への申しわけなさがあるとも感じられるのだ。私は天皇は、国民に多くの負担をかけたことに強い自省の念を持っていると考えるので、こうした図になっていく。

最後に社会的責任ということだが、社会的というのは時代そのものが平穏であり、そこに民が安心して暮らせる空間を保障していたのか、この国の元首として、あるいは主権者としてそれだけの保障をしていたか、という天皇のわが身への問いかけである。この問いかけに対して、天皇自身はどのように答えるか、それがこの社会的という項目である。

私の分析では天皇は、開戦から終戦までのプロセスには、法律上や政治的な判断と同様に自らにはなんら落ち度がない、あるいは寸分の誤りもないと考えていたと思うが、国民(臣民)に対しては自責の念があったと見るべきではないか。

天皇の戦争責任を、このように「戦争」の意味を個別化し、「責任」を分化していくことによって、まったく新しい姿が見えてくるのではないか。私は、天皇がこの太平洋戦争を敗戦で終わったことに実は相応の慶びを持っていたのではなかったか、とも推測する。それは戦争の犠牲者や庶民の苦悩に思い至って、そこになんらかの意図を含んでの指摘ではなく、天皇自身も現人神《あらひとがみ》として神権説の中に追いやられている自らの身が苦しかったのではなかったろうか、と思われるからである。

戦後になって、天皇は侍従次長だった木下道雄に心中を告白している。これは木下の『側近日誌』に引用されている発言を本書でも引用するが、この部分に私が作成したこれらの平面座標のヒントになる言葉が数多く示されている。

「私自身としては、不可抗力とはいいながらこの戦争によって世界人類の幸福を害い、又我が国民に物心両方面に多大な損失を与えて国の発展を阻止し、又、股肱《ここう》と頼んだ多くの忠勇なる軍人を戦場に失い、かつ多年教育整備した軍を武装解除に至らしめたのみならず、国家の為粉骨努力した多くの忠誠の人々を戦争犯罪人たらしめたことに付ては、我が祖先に対して誠に申し訳なく、衷心陳謝するところである」

これは昭和二十一年三月の独白録作成のあとに、当時もっとも信頼を寄せていた木下に洩らしたとされる言である。私の平面座標はこうした発言をもとにして作成したわけだが、天皇はさらに以下のような発言を行っている。

「しかし負け惜しみと思うかも知れぬが、敗戦の結果とはいえ我が憲法の改正も出来た今日に於て考えて見れば、我が国民にとっては勝利の結果極端なる軍国主義となるよりも却って幸福ではないだろうか」

こう自問したうえで、次のように戒めている。

「歴史は繰り返すということもあるから、以上の事共を述べておく次第で、これが新日本建設の一里塚とならば幸いである」

昭和天皇は軍事主導体制を排除できたことを率直に喜んでいるのである。あえていうならば日本国憲法第九条は、この軍国主義の防波堤となると明確に考えていたことにもなる。その方針はそのまま現在の天皇に引き継がれていることになるが、もしそういう天皇を元首として再

戦争＼責任	法律的	政治的	歴史的	道義的	社会的
臣民の生命を危機に陥れた	○	○	―	○	○
臣民に犠牲を強いた	○	○	―	○	○
終　　戦	△	○	―	○	○
敗　　戦	△	○	―	○	○
継　　戦	△	○	―	○	○
開　　戦	○	○	―	○	○

○＝責任あり，△＝責任なし

〈Ⅲ図〉私(保阪)が考える昭和天皇の戦争責任

び軍の統帥権者の最高位に祭りあげるような事態になれば、歴史の教訓がまったく生かされていない現実がつくられることになるだろう。

それゆえに天皇の戦争責任をこの座標軸のように捉えて、そこから教訓を学ぶのならいいのだが、この教訓を学ばずに過ちをくり返せば、私たちの国は過去に目をつぶる国家として誇《そし》りを受けることになるのではないかと思う。

なおこの平面座標は、私自身がどう考えているか、あるいはあなたがどう考えるか、を書きこんで、完成させてみてもいいであろう。その場合、天皇に戦争責任があるという論者は○を記入し、責任がないと考える人は△を書きこめばいい。

つけ加えれば、私は天皇自身の戦争責任の理解に納得している部分と納得していない部分がある。私は天皇の意思を確かめるために、たとえば前述の木下道雄の『側近日誌』など多くの史料に目を通してみて、天皇を主権者、大元帥としていながら、そこに巨大な権力の空洞化が起こっていたことを確かめた。とくに政治的には「立憲君主制」の枠組みにあったとはいえ、天皇はより明確に戦争への危惧を洩らすべきだったと思う。それを前提にして、III図を考えたことをあえて記しておきたい。

※　　※

かつて私は「フェルマーの定理」という未解明の定理に挑む明治期の数学教師を描いた書を書いたことがある(『数学に魅せられた明治人の生涯』)。十七世紀のフランスの数学者ピエール・ドゥ・フェルマーは法律家だったが、数学好きで、古代ギリシアの数学者ディオファントスの膨大な著作を読みふけった。この大部の書の余白に次々と自らの発見した数学上の定理を書きこんだ。

後年、彼の書きこんだ十を超えるといわれる定理は次々に証明されていったが、たったひとつ残ったのがこの「フェルマーの最終定理」である。一六三七年にフェルマーはこれを発見したという。

$$x^n + y^n \neq z^n$$

右の式でnが2のときはピタゴラスの定理だが、これが3かそれ以上の自然数になると成りたたないというのだ。三百年余にわたって著名な、あるいはアマチュアの数学者が挑み続けたが、誰も証明できなかった。二十世紀の終わりになって、イギリスの数学者がコンピューターも用いてこの不等式を証明したのである。

私の先の書は、日本人の数学教師が、昭和の中国侵略に怒り、日本人の真面目さを頭脳で示したいとこの未解明の定理に挑んだ経緯を書いたのだが、天皇制についてこの定理をあてはめることができるのではとなんども考えた。

xを国民にし、yを天皇にたとえ、zは政治体制と考えるのである。nに「象徴」という字句をあてはめると、「平時体制」という天皇と国民の良好な関係が生まれる。ところがnに「主権者」とか「大元帥」「現人神」などをあてはめると、歪みのあるファシズム体制やら、軍事主導体制が生まれるのではないかと思えるし、本来なら天皇自身が拒否してこの数式は成りたたないとなるはずである。

そういう無理な数式を、かつての日本はつくり、それをもとにした政治体制で、天皇が指摘するように「世界人類の幸福を害い、又我が国民に物心両方面に多大な損失を与えて国の発展を阻止」したのではなかったかと思う。

史実を図形化してみることで、歴史が権力者に一方的に利用されることがないように、私たちは警戒すべきである。

おわりに

昭和史を検証しようと、これまで数多くの人に会ってきた。言論人、軍人、政治家、経済人、さらに一般の庶民にと会いながら、人は自らの体験を語るときにそれぞれ独自の話し方を身につけているのだな、と実感してきた。

たとえばその人物の家を訪ねるときに、何を目印にすればいいか、あるいはどのように行けばよいか、を電話で尋ねると、その説明はつまりは彼がどのような人生を過ごしてきたかと関わりがあることを知った。よく言われることだが、陸軍の軍人だった人物は、駅から左に二百メートル行き、そこを右に曲がりそして十メートルほど行って小路《こみち》に入り……といった説明をする。わかりやすいのだが、彼の自宅周辺の風景があまり浮かんでこない。

逆に海軍出身の軍人は、まず駅の西口に降りなさいと言い、西口の全体的光景(住宅街だとか商店街といったことだが)を語る。そして自分の家に来るにはどの道を通るかを俯瞰図を交えながら説明していく。自分の位置を確認しつつ歩いていけるが、ときに情報量が多くて混乱する。

さまざまな説明の中で、私がもっともわかりやすかったのは、駅に降りたったのをA地点とし、東に百メートルほど行き(B地点)と、頭の中に図形を描くように説明する人の案内であった。A地点からB地点、そしてC地点にとひとつずつ確かめて歩いていける。なかには君は身長はどれくらいか、そうすると歩幅はどのくらいで、B地点までは二百歩ぐらいだろうと説明する人にも出会った。

私は多くの人に会って史実を確かめてきたと書いたが、史実についてもさることながら、このような証言を数多く聞くことにより多くの知識を学んだ。それが人間を見る目を養うことにもなった。

このような体験を通して、幾何学的に説明する人は、大体は理知的なタイプであり、感情に溺れないことも知った。そして証言内容にもそれほど偽りや錯誤がない。私の体験では、人は自らが関わった史実を証言するとき、あるいは自らの来し方を説明するとき、その話し方で三つのタイプに分かれる。「一対一対八」の法則があるように思う。

最初の「一」は、事実を率直に語る人である。「ここまでは当時の考え方なのですが、これから話すことは戦後になってアメリカから史料を取り寄せての考えです」といった話し方なので信用できる。

次の「一」は、初めから虚言を弄《ろう》する人である。特攻隊員でもないのに特攻隊員だと自称したり、他人の体験を語る人たちである。こういう人の話し方には特徴があり、微細な部分に説明の大半を割く。そしてなにより幾何学的な説明がまったくできない。事実の一片たりとも図形化できないことに特徴がある。

「八」というのは私を含めての大半の人である。私たちは記憶を美化したり、操作したりとなんらかの手を加える。それも無意識にである。証言者の話は時間を経れば経るほどこのように変容するのだが、それもよく聞いていると、事実のコアの上にいろいろな要因(見栄《みえ》、照れくささや計算など)が層をなしていることに気づく。それを丁寧に除《よ》けていくことで、証言の本質がわかってくる。その場合も図形化しながら話を聞いていくと、より事実は何かが浮かびあがってくる。

昭和史を図形化してみたら、と私が考えるに至った一因はこうした体験を積んできたためである。本書は、そのような思いで記述を進めたことを理解してもらえれば幸いである。加えて昭和史の教訓をいかに次代の人たちに伝えていくか、その参考になればとも思う。

戦後七十年の節目に、無自覚な指導者により戦後民主主義体制の骨組みが崩れようとしている。それほどこの七十年は脆《もろ》くはないぞとの思いや、そう簡単に崩してはならないとの動きも徐々に顕在化してきて、やがてうねりを生むような感もする。この時代のその精神を大切にしたい。

本書刊行までに新書編集部の大山美佐子氏に多大な尽力をいただいた。大山氏を始め、本書に関わったスタッフの人たちに心底からお礼を言いたい。

平成二十七年(二〇一五)九月

保阪正康

保阪正康

1939年北海道生まれ．同志社大学文学部社会学科卒業．ノンフィクション作家，評論家．
『五・一五事件』(中公文庫)，『東條英機と天皇の時代』(ちくま文庫)，『昭和陸軍の研究』(朝日文庫)，『昭和史 七つの謎』(講談社文庫)，『あの戦争は何だったのか』(新潮新書)，『昭和史入門』(文春新書)，『昭和天皇実録 その表と裏』(毎日新聞社)，『戦場体験者 沈黙の記録』(筑摩書房)，『風来記 わが昭和史』(平凡社)ほか多数．

昭和史のかたち　　岩波新書(新赤版)1565

2015年10月20日　第1刷発行

著　者　保阪正康《ほさかまさやす》

発行者　岡本 厚

発行所　株式会社 岩波書店
〒101-8002 東京都千代田区一ツ橋2-5-5
案内 03-5210-4000　販売部 03-5210-4111
http://www.iwanami.co.jp/

新書編集部 03-5210-4054
http://www.iwanamishinsho.com/

印刷・理想社　カバー・半七印刷　製本・中永製本

ISBN 978-4-00-431565-0　　Printed in Japan

岩波新書新赤版一〇〇〇点に際して

ひとつの時代が終わったと言われて久しい。だが、その先にいかなる時代を展望するのか、私たちはその輪郭すら描きえていない。二〇世紀から持ち越した課題の多くは、未だ解決の緒を見つけることのできないままであり、二一世紀が新たに招きよせた問題も少なくない。グローバル資本主義の浸透、憎悪の連鎖、暴力の応酬――世界は混沌として深い不安の只中にある。

現代社会においては変化が常態となり、速さと新しさに絶対的な価値が与えられた。消費社会の深化と情報技術の革命は、種々の境界を無くし、人々の生活やコミュニケーションの様式を根底から変容させてきた。ライフスタイルは多様化し、一面では個人の生き方をそれぞれが選びとる時代が始まっている。同時に、新たな格差が生まれ、様々な次元での亀裂や分断が深まっている。社会や歴史に対する意識が揺らぎ、普遍的な理念に対する根本的な懐疑や、現実を変えることへの無力感がひそかに根を張りつつある。そして生きることに誰もが困難を覚える時代が到来している。

しかし、日常生活のそれぞれの場で、自由と民主主義を獲得し実践することを通じて、私たち自身がそうした閉塞を乗り超え、希望の時代の幕開けを告げてゆくことは不可能ではあるまい。そのために、いま求められていること――それは、個と個の間で開かれた対話を積み重ねながら、人間らしく生きることの条件について一人ひとりが粘り強く思考することではないか。その営みの糧となるものが、教養に外ならないと私たちは考える。歴史とは何か、よく生きるとはいかなることか、世界そして人間はどこへ向かうべきなのか――こうした根源的な問いとの格闘が、文化と知の厚みを作り出し、個人と社会を支える基盤としての教養となった。まさにそのような教養への道案内こそ、岩波新書が創刊以来、追求してきたことである。

岩波新書は、日中戦争下の一九三八年一一月に赤版として創刊された。創刊の辞は、道義の精神に則らない日本の行動を憂慮し、批判的精神と良心的行動の欠如を戒めつつ、現代人の現代的教養を刊行の目的とする、と謳っている。以後、青版、黄版、新赤版と装いを改めながら、合計二五〇〇点余りを世に問うてきた。そして、いままた新赤版が一〇〇〇点を迎えたのを機に、人間の理性と良心への信頼を再確認し、それに裏打ちされた文化を培っていく決意を込めて、新しい装丁のもとに再出発したいと思う。一冊一冊から吹き出す新風が一人でも多くの読者の許に届くこと、そして希望ある時代への想像力を豊かにかき立てることを切に願う。

（二〇〇六年四月）

政治

多数決を疑う 社会的選択理論とは何か　坂井豊貴
集団的自衛権とは何か　豊下楢彦
安保条約の成立　豊下楢彦
集団的自衛権と安全保障　豊下楢彦・古関彰一
外交ドキュメント 歴史認識　服部龍二
日米〈核〉同盟 原爆、核の傘、フクシマ　太田昌克
日本は戦争をするのか　半田滋
「戦地」派遣 変わる自衛隊　半田滋
自衛隊 変容のゆくえ　前田哲男
アジア力の世紀　進藤榮一
民族紛争　月村太郎
自治体のエネルギー戦略　大野輝之
政治的思考　杉田敦
現代日本の政党デモクラシー　中北浩爾
サイバー時代の戦争　谷口長世

現代中国の政治　唐亮
政権交代論　山口二郎
戦後政治の崩壊　山口二郎
日本政治 再生の条件　山口二郎編著
戦後政治史〔第三版〕　石川真澄・山口二郎
日本の国会　大山礼子
〈私〉時代のデモクラシー　宇野重規
大臣〔増補版〕　菅直人
生活保障 排除しない社会へ　宮本太郎
「ふるさと」の発想　西川一誠
政治の精神　佐々木毅
ドキュメント アメリカの金権政治　軽部謙介
民族とネイション　塩川伸明
昭和天皇　原武史
沖縄密約　西山太吉
市民の政治学　篠原一
日本の政治風土　篠原一
東京都政　佐々木信夫

政治・行政の考え方　松下圭一
ルポ 改憲潮流　斎藤貴男
市民自治の憲法理論　松下圭一
岸信介　原彬久
自由主義の再検討　藤原保信
海を渡る自衛隊　佐々木芳隆
人間と政治　南原繁
近代の政治思想　福田歓一

岩波新書より

日本史

在日朝鮮人 歴史と現在 水野直樹 文京洙
京都〈千年の都〉の歴史 高橋昌明
唐物の文化史 河添房江
小林一茶 時代を詠んだ俳諧師 青木美智男
信長の城 千田嘉博
出雲と大和 村井康彦
女帝の古代日本 吉村武彦
聖徳太子 吉村武彦
秀吉の朝鮮侵略と民衆 北島万次
歴史のなかの大地動乱 保立道久
コロニアリズムと文化財 荒井信一
特高警察 荻野富士夫
中国侵略の証言者たち 岡部牧夫 荻野富士夫 吉田裕 編
朝鮮人強制連行 外村大
勝海舟と西郷隆盛 松浦玲
坂本龍馬 松浦玲

新選組 松浦玲
明治デモクラシー 坂野潤治
考古学の散歩道 田中琢 佐原真
古代国家はいつ成立したか 都出比呂志
王陵の考古学 都出比呂志
渋沢栄一 社会企業家の先駆者 島田昌和
前方後円墳の世界 広瀬和雄
木簡から古代がみえる 木簡学会編
中世民衆の世界 藤木久志
刀狩り 藤木久志
清水次郎長 高橋敏
国定忠治 高橋敏
江戸の訴訟 高橋敏
漆の文化史 四柳嘉章
法隆寺を歩く 上原和
正倉院 東野治之
平家の群像 物語から史実へ 高橋昌明
熊野古道 小山靖憲

シベリア抑留 栗原俊雄
戦艦大和 生還者たちの証言から 栗原俊雄
国防婦人会 藤井忠俊
東京大空襲 早乙女勝元
日本の中世を歩く 五味文彦
アマテラスの誕生 溝口睦子
中国残留邦人 井出孫六
証言 沖縄「集団自決」 謝花直美
幕末の大奥 天璋院と薩摩藩 畑尚子
金・銀・銅の日本史 村上隆
武田信玄と勝頼 鴨川達夫
邪馬台国論争 佐伯有清
歴史のなかの天皇 吉田孝
日本の誕生 吉田孝
沖縄現代史〔新版〕 新崎盛暉
戦後史 中村政則
環境考古学への招待 松井章
日本人の歴史意識 阿部謹也
飛鳥 和田萃

岩波新書より

奈良の寺	奈良文化財研究所編
植民地朝鮮の日本人	高崎宗司
漂着船物語	大庭脩
東西／南北考	赤坂憲雄
日本文化の歴史	尾藤正英
日本の神々	谷川健一
日本の地名	谷川健一
南京事件	笠原十九司
裏日本	古厩忠夫
日本社会の歴史 上・中・下	網野善彦
日本中世の民衆像	網野善彦
絵地図の世界像	応地利明
古都発掘	田中琢編
宣教師ニコライと明治日本	中村健之介
神仏習合	義江彰夫
謎解き洛中洛外図	黒田日出男
韓国併合	海野福寿
従軍慰安婦	吉見義明

中世に生きる女たち	脇田晴子
琉球王国	高良倉吉
平泉 よみがえる中世都市	斉藤利男
暮らしの中の太平洋戦争	山中恒
ルソン戦―死の谷	阿利莫二
江戸名物評判記案内	中野三敏
徴兵制	大江志乃夫
田中正造	由井正臣
日本文化史〔第二版〕	家永三郎
原爆に夫を奪われて	神田三亀男編
神々の明治維新	安丸良夫
神の民俗誌	宮田登
漂海民	羽原又吉
天保の義民	松好貞夫
太平洋海戦史	高木惣吉
太平洋戦争陸戦概史	林三郎
世界史のなかの明治維新	芝原拓自
昭和史〔新版〕	遠山茂樹・今井清一・藤原彰

管野すが	絲屋寿雄
福沢諭吉	小泉信三
吉田松陰	奈良本辰也
大岡越前守忠相	大石慎三郎
江戸時代	北島正元
織田信長	鈴木良一
豊臣秀吉	鈴木良一
京都	林屋辰三郎
日本国家の起源	井上光貞
日本の歴史 上・中・下	井上清
天皇の祭祀	村上重良
米軍と農民	阿波根昌鴻
伝説	柳田国男
岩波新書の歴史 付・総目録 1938-2006	鹿野政直
シリーズ日本近世史	
戦国乱世から太平の世へ	藤井讓治
村 百姓たちの近世	水本邦彦
天下泰平の時代	高埜利彦

岩波新書より

都　市　江戸に生きる　吉田伸之
幕末から維新へ　藤田　覚

シリーズ日本古代史

農耕社会の成立　石川日出志
ヤマト王権　吉村武彦
飛鳥の都　吉川真司
平城京の時代　坂上康俊
平安京遷都　川尻秋生
摂関政治　古瀬奈津子

シリーズ日本近現代史

幕末・維新　井上勝生
民権と憲法　牧原憲夫
日清・日露戦争　原田敬一
大正デモクラシー　成田龍一
満州事変から日中戦争へ　加藤陽子
アジア・太平洋戦争　吉田　裕
占領と改革　雨宮昭一
高度成長　武田晴人

ポスト戦後社会　吉見俊哉
日本の近現代史をどう見るか　岩波新書編集部編

岩波新書より

世界史

岩波新書より

文学

現代秀歌	永田和宏
近代秀歌	永田和宏
俳人漱石	坪内稔典
正岡子規 言葉と生きる	坪内稔典
季語集	坪内稔典
言葉と歩く日記	多和田葉子
杜甫	川合康三
白楽天	川合康三
古典力	齋藤孝
読書力	齋藤孝
食べるギリシア人	丹下和彦
和本のすすめ	中野三敏
老いの歌	小高賢
魯迅	藤井省三
ラテンアメリカ十大小説	木村榮一
王朝文学の楽しみ	尾崎左永子
文学フシギ帖	池内紀
ヴァレリー	清水徹
ぼくらの言葉塾	ねじめ正一
わが戦後俳句史	金子兜太
季語の誕生	宮坂静生
和歌とは何か	渡部泰明
ミステリーの人間学	廣野由美子
小林多喜二	ノーマ・フィールド
いくさ物語の世界	日下力
論語入門	井波律子
中国の五大小説 上 三国志演義・西遊記	井波律子
中国の五大小説 下 水滸伝・金瓶梅・紅楼夢	井波律子
中国文章家列伝	井波律子
三国志演義	井波律子
折々のうた	大岡信
新折々のうた 総索引	大岡信編
中国名文選	興膳宏
アラビアンナイト	西尾哲夫
グリム童話の世界	高橋義人
ホメーロスの英雄叙事詩	高津春繁
小説の読み書き	佐藤正午
チェーホフ	浦雅春
英語でよむ万葉集	リービ英雄
源氏物語の世界	日向一雅
花のある暮らし	栗田勇
一億三千万人のための小説教室	高橋源一郎
ダルタニャンの生涯	佐藤賢一
漢詩	松浦友久
花を旅する	栗田勇
一葉の四季	森まゆみ
翻訳はいかにすべきか	柳瀬尚紀
太宰治	細谷博
短歌パラダイス	小林恭二
歌い来しかた	近藤芳美
隅田川の文学	久保田淳
漱石を書く	島田雅彦
短歌をよむ	俵万智
西行	高橋英夫
新しい文学のために	大江健三郎

岩波新書より

随筆

ナグネ 中国朝鮮族の友と日本	最相葉月
医学探偵の歴史事件簿	小長谷正明
医学探偵の歴史事件簿 ファイル2	小長谷正明
里の時間	芥川仁 阿部直美
閉じる幸せ	残間里江子
女の一生	伊藤比呂美
仕事道楽 新版 スタジオジブリの現場	鈴木敏夫
もっと面白い本	成毛眞
面白い本	成毛眞
99歳一日一言	むのたけじ
土と生きる 循環農場から	小泉英政
なつかしい時間	長田弘
ラジオのこちら側で	ピーター・バラカン
百年の手紙	梯久美子
本へのとびら	宮崎駿
ぼんやりの時間	辰濃和男
文章のみがき方	辰濃和男
四国遍路	辰濃和男
文章の書き方	辰濃和男
思い出袋	鶴見俊輔
活字たんけん隊	椎名誠
活字の海に寝ころんで	椎名誠
活字博物誌	椎名誠
活字のサーカス	椎名誠
道楽三昧	小沢昭一 神崎宣武 聞き手
和菓子の京都	川端道喜
人生読本 落語版	矢野誠一
ブータンに魅せられて	今枝由郎
悪あがきのすすめ	辛淑玉
怒りの方法	辛淑玉
水の道具誌	山口昌伴
スローライフ	筑紫哲也
マンボウ雑学記	北杜夫
森の紳士録	池内紀
シナリオ人生	新藤兼人
老人読書日記	新藤兼人
夫と妻	永六輔
職人	永六輔
大往生	永六輔
現代人の作法	中野孝次
ジャズと生きる	穐吉敏子
日本の「私」からの手紙	大江健三郎
あいまいな日本の私	大江健三郎
沖縄ノート	大江健三郎
ヒロシマ・ノート	大江健三郎
命こそ宝 沖縄反戦の心	阿波根昌鴻
勝負と芸 わが囲碁の道	藤沢秀行
メキシコの輝き	黒沼ユリ子
アメリカ遊学記	都留重人
白球礼讃 ベースボールよ永遠に	平出隆
農の情景	杉浦明平
プロ野球審判の眼	島秀之助